Brasil

O PAÍS E O POVO THE COUNTRY AND THE PEOPLE

© 2005 Disal Editora

Editor • Publisher: José Bantim Duarte

Texto em português • Portuguese text: Cristina Von
Versão em inglês • English version: Jack Scholes
Revisão final • Final proofreading: Paulo Nascimento Verano

Capa, projeto gráfico e direção de arte • Cover, design and art: Alberto Mateus
Diagramação • Layout: Crayon Editorial

Fotos capa e contracapa • Cover and backcover photos: IStock, Zig Koch e Pulsar

Dados Internacionais de Catalogação na Publicação (CIP)
(Câmara Brasileira do Livro, SP, Brasil)

Brasil: o país e o povo = Brasil: country and people / [Equipe
    Disal]. – Barueri, SP : Disal, 2010.

    2ª reimpr. da 1. ed. de 2005.
    ISBN 978-85-7844-047-3

    1. Brasil – Condições econômicas 2. Brasil – Condições
sociais 3. Brasil – Descrição e viagens 4. Brasil – História 5. Brasil
– População 6. Cultura – Brasil 7. Turismo – Brasil I. Equipe
Disal II. Título : Brasil : country and people.

10-01200   CDD-918.1

Índices para catálogo sistemático:
1. Brasil : País e o povo : Descrição 918.1

Todos os direitos reservados em nome de:
Bantim, Canato e Guazzelli Editora Ltda.

Alameda Mamoré 911 – cj. 107
Alphaville – BARUERI – SP
CEP: 06454-040
Tel. / Fax: (11) 4195-2811
Visite nosso site: www.disaleditora.com.br
Televendas: (11) 3226-3111

Fax gratuito: 0800 7707 105/106
E-mail para pedidos: comercialdisal@disal.com.br

SUMÁRIO · CONTENTS

REGIÕES · GEOGRAPHICAL REGIONS

NORTE · NORTH

NORDESTE · NORTHEAST

CENTRO-OESTE · MIDWEST

SUDESTE · SOUTHEAST

SUL · SOUTH

N
NO · NE
O · E
SO · SE
S

INTRODUÇÃO • INTRODUCTION

O Brasil não é um país novo. Completou 500 anos em 2000. Mas, embora com crescimento vegetativo menor, continua a ser um país jovem, com a maior parcela de sua população entre 15 e 39 anos. Seu território, continental, tem 8.547.876,599 km², e está dividido em cinco regiões. O povo brasileiro foi definido a partir de três matrizes: os indígenas, habitantes originais, os colonizadores portugueses e os negros escravos. Depois vieram os imigrantes – espanhóis, italianos, alemães, japoneses, judeus, sírios, libaneses... –, que deixaram sua marca na paisagem e na cultura do país. Agrário até o início da segunda metade do século 20, o Brasil se industrializou de modo acelerado, transformando-se, em pouco mais de duas décadas, num país complexo e grande. A fama verde-amarela passa pela tríade Carnaval, mulheres bonitas e futebol, mas vai além. Passa pela Bossa Nova, pelas praias paradisíacas, pelos ídolos globalizados do esporte e da moda, mas também os ultrapassa. Muito do seu renome reside ainda numa arquitetura premiada, numa indústria francamente exportadora, em empresários inovadores, nas grandes feiras de negócios que sedia, nos avanços importantes na ciência. Não por acaso, está inserido na rota internacional do turismo. Com simpatia e entusiasmo, recebe perto de 5 milhões de turistas estrangeiros por ano. Turistas que podem agora, com este livro, ter contato com uma diversidade pulsante, do Norte ao Sul do país.

Brazil is not a new country. In the year 2000 it celebrated its 500th anniversary. But although birth and death rates have decreased, it continues to be a young country, with the largest part of the population aged between 15 and 39. The mainland area is 8,547,876 sq km, divided into five geographical regions. The three main ethnic groups are: the native Amerindians, who were the original inhabitants, the Portuguese colonizers, and the black African slaves. The immigrants came later – Spaniards, Italians, Germans, Japanese, Jews, Syrians, Lebanese… – all leaving their mark on the landscape and the culture of the country. Brazil was agrarian until the beginning of the second half of the 20th century, when it rapidly became industrialized, and in just over two decades changed into a large and complex country. The famous green and yellow colors of Brazil represent Carnival, beautiful women and football, but there is much more than that. Brazil is also famous for the bossa nova, paradisiacal beaches and world-famous sports and fashion idols. It is also well-known for award-winning architecture, a strong export industry, innovative entrepreneurs, the big business fairs that it hosts, and important advances in science. It is not by chance that Brazil is on the international tourist route. Almost five million foreign tourists are warmly and enthusiastically welcomed every year. With this book these tourists can now plug into the vibrant diversity of Brazil, from the North to the South of the country.

Região
Norte

Amazonas
Pará
Acre
Amapá
Roraima
Rondônia
Tocantins

Vitória-régia, parte da
paisagem amazônica

Victoria regia plants, part of
the Amazonian landscape

Amazonas

Em 1542, o espanhol Francisco de Orelhana liderou uma expedição que desceu o rio Amazonas em canoas. Em relatos à Coroa, entre outras histórias, os espanhóis contaram que teriam encontrado mulheres guerreiras semelhantes às do mito grego, e por isso chamaram a região de "Terra das Amazonas".

ÁREA TERRITORIAL 1.570.745,680 km² · AREA 1,570,745 sq km

POPULAÇÃO · 2.812.557 (IBGE 2000) · POPULATION 2,812,557 (IBGE Census 2000)

TEMPERATURA MÉDIA ANUAL · AVERAGE ANNUAL TEMPERATURE 32°C

In 1542 the Spaniard Francisco de Orelhana led an expedition by boat down the Amazon River. In reports to the Crown, the Spaniards related, among other stories, that they had found female warriors, similar to those of the Greek myth, and so they called the region "The Land of the Amazons."

A maior biodiversidade do planeta

The highest level of biodiversity on the planet

Manaus

Uma cidade de quase 1,5 milhão de pessoas em plena selva amazônica. Seu nome é uma referência aos índios manáos, que habitavam o local. A capital do estado do Amazonas começou a atrair a atenção do mundo no final do século 19, com o interesse pela borracha, cuja matéria-prima, o látex, era extraído das seringueiras. A riqueza financiou a construção de prédios luxuosos à imagem e semelhança dos existentes na Europa.

Manaus

A city of almost one and a half million people in the middle of the Amazon jungle. The name comes from the 'manáos' Indians, who used to live there. The capital of the state of Amazonas started to attract world attention at the end of the 19th century because of the interest in rubber, the raw material of which, latex, is extracted from rubber trees. The resulting wealth financed the construction of luxurious buildings, the same as or similar to ones already existing in Europe.

Hotéis de selva

Procurados por turistas estrangeiros, esses hotéis são a melhor opção para quem quer experimentar a sensação de passar alguns dias no meio da floresta. Construídos nas margens dos rios ou em bases flutuantes, integrados à natureza, costumam oferecer programas como caminhadas pela mata; observação de pássaros e de jacarés; visitas a casas de caboclos; pesca de piranha e passeios fluviais para ver o amanhecer ou entardecer. Há opções de hospedagem para todos os gostos, desde alojamentos rústicos até *lodges* bem estruturados.

Jungle Hotels

Sought after by foreign tourists, these hotels are the best choice for anyone who wants to experience the sensation of spending a few days in the middle of the jungle. Built on the river banks or on floating foundations, integrated with nature, they usually offer organized trips, such as walks in the forest, bird watching, alligator watching, visits to Indian houses, piranha fishing, and river trips to watch the dawn or dusk. There are choices of accommodation to suit all tastes, from rustic rooming houses to well-built lodges.

RICARDO AZOURY / PULSAR IMAGENS

O Tucano é uma
entre mais de mil
espécies de pássaros

The toucan is one of
more than a thousand
species of birds

Encontro das águas

O rio Solimões, de águas barrentas, e o rio Negro, de águas escuras, se encontram, numa mistura de 12 km de extensão, para formar o rio Amazonas, com o maior volume de água do mundo, que seria capaz de fornecer um litro de água a cada 28 segundos para cada habitante do planeta.

The meeting of rivers

The muddy waters of the river Solimões and the dark waters of the river Negro meet and merge together for 12 km to form the Amazon River, with the largest volume of water in the world, enough to supply one liter of water every 28 seconds for every inhabitant on the planet.

Praias fluviais
Ponta Negra, a 15 km de Manaus, é a praia mais freqüentada do rio Negro (foto), com 2 km de extensão, boa infra-estrutura e iluminação à noite. A uma hora de barco estão as praias do Arrombado e do Tupé, reserva biológica com vegetação nativa.

River beaches
Ponta Negra, 15 km from Manaus, is the beach most visited on the river Negro (photo). It is 2 km long, has good services and lighting at night. A one-hour boat trip away, are the beaches of Arrombado and Tupé, a biological reserve with native vegetation.

Museus
A história está presente nos museus do Índio, do Homem do Norte e de Ciências Naturais, e nas construções do final do século 19 e início do 20: Palácio da Justiça, Palácio Rio Negro, Biblioteca Pública, Catedral Metropolitana, Igreja de S. Sebastião e no conjunto formado pelo Prédio da Alfândega, Porto Flutuante e Mercado Municipal Adolpho Lisboa, cópia do Mercado Les Halles, de Paris.

Museums
History is present in the museums of the Indian, the People from the North, and Natural Sciences, and also in the buildings from the end of the 19th century and the beginning of the 20th century – Palácio da Justiça (Courthouse), Palácio Rio Negro (River Negro Building), Biblioteca Pública (Public Library), Catedral Metropolitana (Metropolitan Cathedral), Igreja de S. Sebastião (Church of St Sebastian), and the complex of buildings formed by the Prédio da Alfândega (Customs House), Porto Flutuante (Floating Port), and the Mercado Municipal Adolpho Lisboa (Adolpho Lisboa Municipal Market), a copy of the Les Halles Market in Paris.

Teatro Amazonas (1896)
Grande parte do material utilizado na sua construção foi trazida da Europa. As telhas vitrificadas vieram da França; os mármores, da Itália e de Portugal; os lustres de Veneza e os cristais, de Murano. As madeiras nobres, como o jacarandá, são brasileiras. Foi construído no auge do ciclo da borracha.

Teatro Amazonas (1896) (The Amazonas Theater)
A large part of the materials used in the construction was brought from Europe. The glass tiles came from France, the marble from Italy and Portugal, the chandeliers from Venice, and the crystal ware from Murano. The best quality woods, such as jacaranda, are Brazilian. It was built at the height of the rubber boom.

ROGÉRIO REIS / PULSAR IMAGENS

*Teatro Amazonas,
com capacidade para
700 pessoas*

*The Amazonas
Theater, with a seating
capacity of 700*

Pará

Apesar da exploração, o Pará ainda guarda cerca de 15% das reservas de ouro do país, além de grandes reservas de bauxita, cobre, manganês, e a maior reserva de minério de ferro do mundo. O cacau, a castanha, a cana-de-açúcar, o tabaco, o café, o arroz e o algodão são os produtos cultivados desde o século 19.

ÁREA TERRITORIAL 1.247.689,515 km² • AREA 1,247,689 sq km

POPULAÇÃO • 6.192.307 (IBGE 2000) • POPULATION 6,192,307 (IBGE Census 2000)

TEMPERATURA MÉDIA ANUAL • AVERAGE ANNUAL TEMPERATURE 27°C

In spite of explorations, Pará still maintains about 15% of the gold reserves of the country, as well as large reserves of bauxite, copper, manganese, and the biggest reserves of iron ore in the world. Cacao, cashew nuts, sugar cane, tobacco, coffee, rice and cotton are products which have been grown since the nineteenth century.

Belém

Fundada em 1616, a cidade de Belém é um porto fluvial. Devido ao seu clima quente e úmido, chove quase todos os dias, de dezembro a maio.

No centro histórico, há a sombra das mangueiras centenárias e a beleza dos sobrados revestidos de azulejos portugueses, da época colonial.

Também na área urbana se encontra o Bosque Rodrigues Alves (1883), com 2500 espécies florestais, além de lagos, orquidário, zoológico e viveiros de peixe-boi e tartarugas.

Belém

Founded in 1616, the city of Belém is a river port. Due to the hot and humid climate, it rains almost every day from December to May.

In the historic center, there is the shade of the centuries-old mango trees and the beauty of the two-storied houses with Portuguese wall tiles from the colonial era.

Also in the urban area is the Bosque Rodrigues Alves (1883) (Rodrigues Alves Park) with 2,500 forest species, as well as lakes, an orchid-house, a zoo, and aquariums with manatees and turtles.

Palácios e museus

O Palácio Antonio Lemos (1883), conhecido como Palacete Azul, abriga o Museu de Arte de Belém e o Palácio Lauro Sodré (1772), o Museu do Estado. O Museu de Arte Sacra, formado pelo conjunto do Colégio (1698) e Igreja (1719) de S. Alexandre, abriga 320 peças sacras e o mobiliário entalhado por jesuítas e índios. O Museu Emílio Goeldi (1886) reúne mais de 3000 espécies de plantas, 700 tipos de madeiras e cerca de 600 animais. O Teatro da Paz (1868), com 1100 lugares, foi inspirado no Teatro Scala de Milão e, na fase áurea do ciclo da borracha, recebeu famosas companhias líricas européias.

Mansions and museums

The Palácio Antonio Lemos (1883), known as Palacete Azul (Blue Palace), houses the Belém Museum of Art , and the Palácio Lauro Sodré (1772) the State Museum. The Museu de Arte Sacra (Museum of Sacred Art), formed by the complex of College (1698) and Church (1719) of St Alexander, shelters 320 sacred pieces and furniture carved by Jesuits and Indians. The Emílio Goeldi Museum (1886) brings together a collection of more than 3,000 species of plants, 700 types of wood, and about 600 animals. The Teatro da Paz (1868) (Theater of Peace), with 1,100 seats, was inspired by the Scala Theater in Milan, and at the height of the rubber boom, received famous European opera companies.

ZIG KOCH

Ver-o-Peso

No século 19, com a riqueza da cidade, o mercado de ferro foi encomendado à Inglaterra, trazido de barco e montado junto ao cais. Seu nome foi uma referência à pesagem dos produtos para a cobrança de impostos pelos fiscais do governo.

Hoje, no local, 1300 barracas vendem frutas, peixes, carnes, legumes e cerâmicas que chegam em balaios, cestos de palha e sacos de juta. Alguns comerciantes recomendam ervas e receitas para a cura de qualquer mal.

Ver-o-Peso (See-the-Weight)

In the 19th century, with the wealth of the city, the iron marketplace was ordered from England, brought by ship and erected on the riverfront. The name came from the weighing of products by the government inspectors for the purposes of charging taxes. Nowadays there are 1,300 stalls there selling fruit, fish, meat, vegetables and ceramics, which arrive in baskets made of palm-leaves or straw, and jute bags. Some traders recommend herbs and recipes to cure any illness.

Forte do Castelo (1662)

Erguido no mesmo local em que os portugueses construíram, em 1616, o Forte do Presépio, marco da fundação da cidade.

Forte do Castelo (1662) (Castle Fortress)

Built on the same site as the Portuguese constructed the Forte do Presépio (Fortress of the Nativity) in 1616, the landmark of the foundation of the city.

Gastronomia

De origem indígena, o tacacá é uma sopa com tapioca, camarão seco, pimenta e tucupi. Na sobremesa, doces e frutas típicas: açaí, cupuaçu e graviola.

Gastronomy

Of Indian origin, the 'tacacá' is a soup made of tapioca, dried shrimp, pepper and 'tucupi', the name of a seasoning prepared with manioc and 'jambu' (pepper), which is served with duck or fish. For dessert, sweets with Brazil nuts, and fruits from the region – 'açaí' (the fruit of the cabbage palm), 'cupuaçu' (the fruit from a plant of the cacao family), and 'graviola' (custard apple).

*Próximas a Belém existem
belas ilhas fluviais com praias,
como a Ilha do Outeiro*

*Near Belém there are beautiful
river islands with beaches, like the
Ilha de Outeiro (Island of Outeiro)*

ZIG KOCH

OCTAVIO CARDOSO / PULSAR IMAGENS

Círio de Nazaré

A festa do Círio de Nazaré é realizada desde 1793, no segundo fim de semana de outubro, reunindo cerca de 2 milhões de fiéis. Conta a lenda que a imagem da santa foi encontrada e levada para casa por um pescador. Mas reaparecia sempre no lugar onde hoje está a basílica. Fazem parte da festa barcos enfeitados com bandeirinhas coloridas e a grande procissão que leva a santa da Catedral à Basílica de Nazaré. No caminho, romeiros pagam promessas.

Círio de Nazaré (Festival to the Virgin of Nazareth)

The Círio de Nazaré festival has been celebrated since 1793 on the second weekend of October, bringing together about two million followers. Legend has it that the image of the saint was found by a fisherman and taken home. But it always reappeared at the place where today there is the basilica. Boats decorated with small colored flags are part of the festivities and also the big procession which takes the saint from the cathedral to the Basílica de Nazaré (Basilica to the Virgin of Nazareth). Along the way, pilgrims fulfill promises made for prayers that have been answered.

Ilha de Marajó

A três horas de barco ou balsa ou 30 minutos de avião de Belém, a ilha de Marajó está rodeada pelos rios Amazonas e Tocantins e pelo oceano Atlântico. É a maior ilha fluviomarinha do mundo. Seu principal porto de chegada é a cidade de Soure, considerada a capital da ilha. Com quase 50 mil km², abriga a maior manada de búfalos do país. Os animais são utilizados como meio de transporte e na alimentação. Deles se aproveitam a carne e o leite, usado na fabricação de queijos. Na cultura, destacam-se as danças do carimbó e do lundu e a cerâmica marajoara.

Ilha de Marajó (Island of Marajó)

Three hours away from Belém by boat or ferry, or thirty minutes by plane, the Island of Marajó is surrounded by the Amazon River, the river Tocantins and the Atlantic Ocean. It is the biggest river/sea island in the world. The main port of arrival is the city of Soure, considered to be the capital of the island. With almost 50,000 sq km it shelters the biggest herd of water buffalo in the country. The animals are used as a means of transport and for food. Full use is made of the meat and the milk, which is used to make cheeses. In terms of culture, the 'carimbó' and 'lundu' dances, and the marajó pottery are outstanding.

Região
Nordeste

Bahia

Alagoas

Pernambuco

Paraíba

Rio Grande do Norte

Ceará

Maranhão

Piauí

Sergipe

Paraíso na terra. Típica paisagem nordestina

Paradise on earth. Typical northeastern scenery

Bahia

A fama não vem por acaso.
O Brasil foi descoberto na Bahia,
mais precisamente em Porto Seguro,
onde Pedro Álvares Cabral desembarcou
a 22 de abril de 1500.
A Bahia tornou-se capital da Colônia e,
durante mais de dois séculos, foi sede
do Governo Geral. Terra dos coronéis do
açúcar e do cacau e das baianas com saias
rodadas, turbantes e colares de contas, a
palavra que define o estado é *exuberância*.

22°C

ÁREA TERRITORIAL 564.692,669 km² · AREA 564,692 sq km

POPULAÇÃO · 13.070.250 (IBGE 2000) · POPULATION 13,070,250 (IBGE Census 2000)

TEMPERATURA MÉDIA ANUAL · AVERAGE ANNUAL TEMPERATURE   22°C

Fame does not come simply by chance. Brazil was discovered in Bahia, more precisely in Porto Seguro, where Pedro Álvares Cabral landed on April 22, 1500.
Bahia became the capital of the Colony, and was the seat of the General Government for more than two centuries. Land of the "Colonels" - the sugar and cacao plantation owners, and of the baianas (the native women of Bahia) with swirling skirts, turban-like headdresses and bead necklaces, the word that best describes the state is *exuberant*.

Farol da Barra, Salvador

Farol da Barra (Barra Lighthouse), Salvador

Salvador

Salvador nasceu na Baía de Todos os Santos. Espalhou-se pela Cidade Baixa, onde ficavam o porto e os armazéns, e subiu o morro, deixando a Cidade Alta para as residências e igrejas. Um enorme elevador (foto ao lado) ligou as duas partes em 1873, unindo a cultura africana e a portuguesa, o candomblé e o catolicismo, a culinária européia e os sabores exóticos dos fortes temperos. Capital da alegria e da música, é considerada Patrimônio Histórico e Artístico da Humanidade.

Salvador

Salvador started its existence in the Baía de Todos os Santos (Bay of All Saints).
It spread to the Cidade Baixa (Lower Town), where the port and the warehouses were, and moved up the hill, leaving the Cidade Alta (Upper Town) for the private residences and churches. A huge public elevator (photo) connected the two districts in 1873, uniting the African and Portuguese cultures, candomblé (a religious cult of African origin) and Catholicism, European cuisine and the exotic flavors of highly spiced foods. No other city has so much magic and charm. Capital of happiness and music, of spicy food washed down with coconut milk, and of the beating of drums, Salvador is considered a Historical and Artistic Heritage of Mankind.

Acarajé e vatapá

Nas ruas e nas praias, as baianas, vestidas de branco, vendem comidas expostas em grandes tabuleiros: vatapá, sarapatel, caruru, acarajé, abará.
O azeite de dendê é o que diferencia e perfuma os alimentos.
Entre os doces, cocadas e o famoso "bolinho do estudante", feito de tapioca.

Acarajé and vatapá

In the streets and on the beaches, the baianas, dressed in white, sell food on large tables: vatapá (a paste-like dish made from sun-dried shrimps, fish, manioc flour, oil and pepper), sarapatel (made from boiled blood and innards of hogs), caruru (stewed, dried shrimps, okra, palm oil, herbs and spices), acarajé (a deep-fried bun with shrimps and pepper sauce), abará (a bun with beans and spices boiled in a banana leaf).
The azeite de dendê (oil from the dendê palm) gives the food a pleasant fragrance and really makes it different. Among the sweets, cocadas (made of coconuts and sugar), and the famous "bolinho do estudante" ("student bun" – a small, round, fried bun made of tapioca).

Festas

No primeiro dia do ano, centenas de embarcações enfeitadas participam da Procissão dos Navegantes.
No dia 2 de fevereiro, na Festa de Iemanjá, os barcos saem da Praia do Rio Vermelho levando flores e oferendas para a rainha do mar.
O Carnaval, a festa mais esperada do ano, acontece em fevereiro ou março, quando trios elétricos, afoxés, blocos afros e cordões arrastam multidões entre a praça Municipal e o bairro de Ondina.

Festivals

On the first day of the year, hundreds of decorated boats take part in the Procissão dos Navegantes (Maritime Procession). On February 2nd, the Festival of Iemanjá, the boats leave from the Rio Vermelho beach, taking flowers and offerings to the queen of the sea.
Carnival, the festival most looked forward to in the year, takes place in February or March, when trios elétricos (trucks loaded with sound equipment and a band playing on top), afoxés (groups playing candomblé music), blocos afros (afro groups), and Carnival revelers roundup huge crowds between the municipal square and the district of Ondina.

EDUARDO BARCELLOS / SAMBAPHOTO

Pelourinho

Pelourinho era o nome da coluna onde os escravos eram açoitados. Hoje, é o nome de um bairro que é sinônimo de alegria.

O maior conjunto colonial da América Latina, reconhecido como Patrimônio Cultural da Humanidade, é formado por 350 construções dos séculos 17 a 19, muitas transformadas em restaurantes e centros culturais.

Na praça, a Fundação Casa de Jorge Amado, e o Museu da Cidade, com tapeçarias, cerâmicas, esculturas e objetos, além de imagens de orixás em tamanho natural.

A Casa de Benin mostra os laços entre Bahia e África. E, na escola de culinária Senac, boa comida a bons preços.

A Antiga Faculdade de Medicina (1808) reúne três museus: Afro-Brasileiro, de Arqueologia e Etnologia e Memorial de Medicina.

Já nos museus de Arte Sacra e Abelardo Rodrigues estão algumas das maiores coleções de arte sacra do país.

E há as igrejas: a Igreja de N. S. do Rosário dos Pretos (1704-96), construída por escravos e negros livres, a Catedral Basílica, do século 17, e a famosa igreja de São Francisco.

Pelourinho

Pelourinho (pillory) was the name of the pillar where the slaves were whipped. Nowadays, it is the name of a district which is synonymous with happiness. The biggest colonial complex in Latin America, recognized as a Cultural Heritage of Mankind, it is made up of 350 buildings from the 17th to the 19th century, many of them converted into restaurants and cultural centers. In the square, the Fundação Casa Jorge Amado and the Museu da Cidade (City Museum), with tapestries, ceramics, sculptures and objects, as well as life-size images of orixás (African divinities). The Casa de Benin (House of Benin) shows the ties between Bahia and Africa. And in the Senac culinary art school, good food at reasonable prices. The Antiga Faculdade de Medicina (1808) (Former Faculty of Medicine) combines three museums: Afro-Brazilian, Archeology and Ethnology, and the Memorial Museum of Medicine. Then, in the museums of Arte Sacra (Sacred Art) and Abelardo Rodrigues there are some of the biggest collections of sacred art in the country. And there are the churches: the Igreja de N.S. do Rosário dos Pretos (1704-96) (Church of Our Lady of the Rosary of the Blacks), built by slaves and free black people, the Catedral Basílica (Basilica Cathedral) from the 17th century, and the famous Igreja de São Francisco (Church of Saint Francis).

Igreja e Convento de São Francisco

O Convento começou a ser construído no século 17 e a Igreja, no 18, com toda a riqueza barroca. Os dois púlpitos laterais são talhados com folhas de videira, pássaros e frutos. Painéis reproduzem vida de São Francisco e as pinturas do forro exaltam Nossa Senhora. Vizinha, está a Igreja da Ordem Terceira de São Francisco (1702).

Igreja e Convento de São Francisco (Church and Convent of Saint Francis)

The building of the convent was started in the 17th century and the church in the 18th century, with all the richness of the baroque style. The two pulpits at the sides are engraved with grapevine leaves, birds and fruit. Framed paintings reproduce the life of Saint Francis and the paintings on the ceiling exalt Our Lady. Nearby is the Igreja da Ordem Terceira de São Francisco (1702) (Church of the Third Order of Saint Francis).

Igreja Senhor do Bonfim (1745-72)

O Senhor do Bonfim é aquele que cura doenças e salva vidas. Por isso, na sua igreja, há uma "sala dos milagres", onde são deixadas oferendas votivas (ex-votos), como réplicas em madeira, cera e outros materiais, representando partes do corpo humano como pés, cabeças e corações. Em suas escadarias é realizada, em janeiro, a lavagem do Bonfim, uma das festas mais importantes da cidade.

A visita à igreja pode ser lembrada pela aquisição de uma fita colorida que serve para amarrar no pulso e fazer um desejo, que se tornará realidade quando ela cair.

Igreja Senhor do Bonfim (1745-72) (Church of the Lord of Bonfim)

The Senhor do Bonfim is the one who cures illnesses and saves lives. This is why there is a "room of miracles" in his church, where people leave votive offerings (objects offered in thanks for cures), such as replicas in wood, wax, and other materials, of parts of the human body, like feet, heads and hearts. In January, the washing of Bonfim takes place on the church steps, and it is one of the most important festivals in the city.

A popular souvenir of the visit to the church is a colored ribbon which you tie to your wrist and make a wish, which will come true when the ribbon drops off.

*Pelourinho, ruas estreitas
e sobrados coloridos*

Pelourinho, narrow
streets and colorful
two-storied houses

Igreja de N. S. da Conceição da Praia (1739-1820)
Em 1736 o edifício foi pré-fabricado em Portugal, e as peças, numeradas para a montagem. Na capela Santo Cristo, está a sepultura da irmã Dulce.

Church of N.S. da Conceição – da Praia (1739-1820)
In 1736 the building was prefabricated in Portugal, and the sections numbered for later assembly. In the Santo Cristo chapel there is the sepulcher of Sister Dulce.

Mosteiro de São Bento (séc. 17-20)
Abriga uma das maiores bibliotecas do Brasil, com raridades, e um museu de arte sacra.

Mosteiro de São Bento (17th-20th century) (Saint Benedict Monastery)
Houses one of the biggest libraries in Brazil, with rarities and a museum of sacred art.

Museu de Arte da Bahia (1918)
Pinturas de mestres baianos e das escolas estrangeiras dos séculos 18 e 19.

Museu de Arte da Bahia (1918) (Bahia Museum of Art)
Paintings from eminent artists from Bahia and foreign schools from the 18th and 19th centuries.

Mercado Modelo (1861)
Localizado na praça onde os navios atracavam para descarregar as mercadorias na Alfândega, que ocupava o prédio. Agora, o local acolhe restaurantes que servem comidas típicas, e 300 barracas que vendem o artesanato nordestino.

Mercado Modelo (1861) (Model Market)
Located on the square where the boats used to moor to unload their wares at the customs, which used to be in the building. Nowadays, the place houses restaurants which serve food typical of the region, and 300 stalls which sell northeastern handicrafts.

Palácio Rio Branco
Construído em 1549, abrigava o governador geral do Brasil. No século 20, abrigou a administração da Prefeitura e um órgão de Turismo. Hoje lá estão a Fundação Pedro Calmon, a Fundação Cultural do Estado da Bahia e o Memorial dos Governadores.

Palácio Rio Branco (Rio Branco Palace)
Built in 1549, it used to be the house of the governor general of Brazil. In the 20th century it housed the administration of the city hall and a government agency for tourism. There, today, are the Fundação Pedro Calmon (Pedro Calmon Foundation), the Fundação Cultural do Estado da Bahia (Cultural Foundation of the State of Bahia), and the Memorial dos Governadores (Governors' Memorial Building).

JUCA MARTINS / PULSAR IMAGENS

Parques e Praias

A Lagoa do Abaeté (foto), onde antigamente
as lavadeiras ficavam e que foi tema de Dorival Caymmi
e Caetano Veloso, agora é um parque.
Igualmente famosa, a praia de Itapuã também foi
homenageada, por Caymmi e Vinicius de Moraes.
A de Piatã tem coqueiros, barracas e surfe.
Flamengo e Stella Maris são locais badalados e bem
freqüentados. Porto da Barra é boa para o surfe
e os esportes náuticos.
As praias da orla compreendem Ondina, Rio Vermelho,
Pituba, Jardim dos Namorados, Jardim de Alá, Armação,
Boca do Rio e Corsário. Amaralina, Farol da Barra
e Pituaçu são tranqüilas para banho.
Da Baía de Todos os Santos saem barcos e escunas para
55 ilhas. As mais de 20 praias paradisíacas de Itaparica,
a 17 km, podem ser alcançadas por balsa.
No litoral norte, se destaca a praia do Forte, a 91 km
de Salvador, escolhida pelas tartarugas marinhas
para procriar. No litoral sul, a 273 km de Salvador,
está Morro de São Paulo, com praias de águas
transparentes, piscinas naturais e uma pequena vila onde
estão as pousadas e lojas.

Parks and Beaches

The Lagoa do Abaeté (photo) (Abaeté Lake) is where
washerwomen used to work in former days, and it was the
theme of the musicians Dorival Caymmi and Caetano Veloso. It
is now a park.
Equally famous, the Praia de Itapuã (Itapuã Beach), was also paid
tribute to in the music of Caymmi and Vinícius de Moraes.
The Piatã Beach has coconut palms, stalls and surfing.
Flamengo and Stella Maris are fashionable places where many
people often go. Porto da Barra is good for surfing and
water sports.
The seafront beaches include Ondina, Rio Vermelho, Pituba,
Jardim dos Namorados, Jardim de Alá, Armação, Boca do Rio
and Corsário. Amaralina, Farol da Barra and Pituaçu are safe
for swimming.
Boats and schooners leave the Baia de Todos os Santos for 55
islands. There are more than 20 paradisiacal beaches in Itapirica,
17 km away, which can be reached by ferry-boat.
On the northern coast, the Praia do Forte, 91 km from Salvador,
is outstanding, and is the place chosen by the sea turtles to
procreate. On the southern coast, 273 km from Salvador, is the
Morro de São Paulo, with beaches with crystal-clear water,
natural pools and a small village where there are inns and shops.

Porto Seguro (730 km de Salvador)

Marco do descobrimento do Brasil, Porto Seguro ganhou fama quando passou a ser freqüentada por artistas e turistas. Ninguém resiste aos seus 90 km de praias, nem a arriscar uns passos de dança depois de um drinque na rua chamada de Passarela do Álcool. De Porto Seguro, atravessando o rio, chega-se a Arraial d'Ajuda e Trancoso.

Porto Seguro (Safe Port)

(730 km from Salvador)

Landmark of the discovery of Brazil, Porto Seguro became famous when artists and tourists started to go there. No one can resist its 90 km of beaches, or risking a few dance steps after a drink on the street called Passarela do Álcool (the Alcohol Walkway). Arraial d'Ajuda and Trancoso can be reached by crossing the river from Porto Seguro.

Chapada Diamantina

A cerca de 400 km de Salvador, próxima às cidades de Lençóis, Mucugê e Palmeiras, está a Chapada Diamantina, um bloco de tons dourados que se eleva a 1700 m e impressiona o olhar do viajante. Chegando mais perto se pode ver os rios, corredeiras, cavernas, grutas, cachoeiras e poços de água transparente. Há trilhas de diferentes dificuldades onde é possível admirar orquídeas, bromélias e cactos. Entre os animais, cutias, capivaras e veados.

A maior cachoeira é a da Fumaça, com cerca de 400 m de queda. As grutas que mais chamam a atenção são a de Torrinha, programa para um dia inteiro, e a Gruta da Pratinha, ideal para mergulho.

Chapada Diamantina

Almost 400 km from Salvador, near the cities of Lençois, Mucugê and Palmeiras, is the Chapada Diamantina, a gold colored, mountainous region, which rises to a height of 1,700m and impresses every traveler who looks at it. On getting closer, you can see the rivers, rapids, caves, grottos, waterfalls and chasms with crystal-clear water. There are footpaths of varying difficulty, where it is possible to admire orchids, bromeliads, and cactuses. Among the animals, cutias (agoutis – long-legged burrowing rodents), capivaras (capybaras – resemble giant, long-legged guinea pigs), and deer.

The biggest waterfall is the Fumaça (Smoke), with a 400m drop. The grottos which attract most attention are the Torrinha (Turret), a whole-day trip, and the Gruta de Pratinha (Siver Grotto), ideal for diving.

Ilhéus

(465 km de Salvador)
Terra do cacau,
de construções coloniais
e de 100 km de lindas
praias com coqueirais.
Cenário do romance
*Gabriela, Cravo
e Canela*, de Jorge
Amado, conserva
os famosos bar Vesúvio
e o bordel Bataclã.

Ilhéus

(465 km from Salvador)
Land of cacao, colonial
buildings and 100 km of
beautiful beaches with
coconut palms. It was the
setting for the novel
*Gabriela, Cravo e Canela
(Gabriela, Clove and
Cinnamon)*, by Jorge Amado,
and still has the famous Bar
Vesúvio and the Bordel
Bataclã (Bataclã Brothel).

ROGÉRIO REIS / PULSAR IMAGENS

Rio São Francisco

Apelidado de Velho Chico, é considerado o rio
da unidade nacional, um dos maiores rios do
Brasil. Ele nasce no estado de Minas, na Serra da
Canastra, atravessa a Bahia, marca a divisa de
Pernambuco e separa os estados de Alagoas e
Sergipe, até chegar no mar, a mais de 3161 km de
distância da nascente. Passa pelas hidrelétricas de
Três Marias, Sobradinho, Itaparica, Paulo Afonso e
Xingó. Houve um tempo em que barcos chamados
"gaiolas" ligavam Pirapora, em Minas Gerais, a
Juazeiro, na Bahia.

Rio São Francisco (Saint Francis river)

Nicknamed Velho Chico (Old Frank), it is considered to
be the river of national unity, one of the biggest rivers in
Brazil. It starts its existence in the state of Minas, in the
Serra da Canastra (Canastra Mountains), crosses Bahia,
marks the border with Pernambuco, and separates the
states of Alagoas and Sergipe, until it reaches the sea, at
a distance of more than 3,161 km from its source. It
passes through the hydroelectric power plants Três
Marias, Sobradinho, Itapirica, Paulo Afonso and Xingó.
There was a time when boats called gaiolas (cages) used
to link Pirapora, in Minas Gerais, and Juazeiro, in Bahia.

ZIG KOCH

Alagoas

Uma brisa quente sopra nas praias e coqueirais de Alagoas, embalando os pescadores nas jangadas, os catadores de mariscos e as rendeiras que tecem toalhas brancas. O nome do estado é uma referência às muitas lagoas existentes na região.

A warm breeze wafts across the beaches and coconut groves of Alagoas, enfolding the fishermen on their jangadas (sailing rafts), the people gathering shellfish, and the women lace makers embroidering white cloths. The name of the state is an allusion to the many small lakes (alagoas) that there are in the region.

ÁREA TERRITORIAL 27.767,661 km² · AREA 27,767 sq km

POPULAÇÃO · 2.822.621 (IBGE 2000) · POPULATION 2,822,621 (IBGE Census 2000)

TEMPERATURA MÉDIA ANUAL · AVERAGE ANNUAL TEMPERATURE   24°C

Maceió

Maceió nasceu de antigo engenho de açúcar. Concentra tudo o que se espera de um paraíso tropical: coqueiros, lagoas azuis e mar verde-azulado com piscinas naturais, formadas por recifes, a poucos quilômetros da costa. Tem praias famosas como Pajuçara, Ponta Verde, Jatiúca, e está cercada pelas lagoas de Mundaú e Manguaba. Mais distantes, a Barra de São Miguel e as Praias do Francês e do Gunga.

Maceió

Maceió started its existence as an old sugar mill. It unites in one place everything one expects of a tropical paradise: coconut palms, blue lakes and bluish-green sea with natural pools, formed by coral reefs a few kilometers from the coast. It has famous beaches, such as Pajuçara, Ponta Verde, Jatiúca, and is enclosed by the Mundaú and Manguaba lakes. Further away, the Barra São Miguel and the Praia do Francês and Praia do Gunga beaches.

Praia de Pajuçara

De jangada se pode chegar a uma piscina natural que se forma entre bancos de areia e arrecifes, a 2 km da costa. Mais de 200 jangadas levam os turistas até o local, que chega a medir 200 m de comprimento por 25 m de largura. Nos dias movimentados, jangadas servem de bares e até de palco para apresentações de banda de pífanos ou de grupos de forró.

Praia de Pajuçara

By jangada (sailing raft), you can reach a natural pool which forms between sandbanks and coral reefs, 2 km from the coast. More than 200 jangadas take tourists to the place, which gets as big as 200m long by 25m wide. On busy days, jangadas are used as bars and even as a stage for presentations by bands playing flutes or groups of forró (a popular dance).

STEFAN KOLUMBAN / PULSAR IMAGENS

Pernambuco

O nome do estado foi dado pelos índios e significa "mar que bate nas pedras".

Pernambuco tem litoral exuberante e interior rico em folclore e tradições. A capital, Recife, é cortada por dezenas de pontes. Olinda, Patrimônio Histórico da Humanidade, parece um presépio sobre o mar. Cidades festivas e coloridas onde, nos finais de semana, em algumas praças, ainda é possível ver as crianças brincando de ciranda, dançando ao som do frevo ou do maracatu.

ÁREA TERRITORIAL 98.311,616 km² • AREA 98,311 sq km

POPULAÇÃO • 7.918.344 (IBGE 2000) • POPULATION 7,918,344 (IBGE Census 2000)

TEMPERATURA MÉDIA ANUAL • AVERAGE ANNUAL TEMPERATURE) 28°C

*O rico e colorido
artesanato de Pernambuco*

*The rich and colorful
handicrafts from
Pernambuco*

The name of the state was given by the Indians and means "sea which crashes on the rocks".

Pernambuco has an exuberant coastline and an interior steeped in folklore and tradition. The capital, Recife, is criss-crossed by dozens of bridges. Olinda, Historical Heritage of Mankind, looks like a Nativity scene above the sea. Festive and colorful cities, where at the weekends, in some squares, it is still possible to see children playing ring-a-ring o' roses, dancing to the sound of frevo (typical music and fast dance, performed with a raised, open umbrella), or maracatu (typical carnival music and dance).

Recife

Recife é um dos principais portões de entrada do turismo internacional no Nordeste brasileiro e teve como origem o porto formado naturalmente pela barreira de recifes que acompanha o seu litoral. A cidade mantém um importante patrimônio histórico, com antigos casarões dos séculos 17 a 19, belas igrejas barrocas e as fortalezas que defendiam a cidade. A praia de Boa Viagem (foto abaixo) é a mais freqüentada. Lá o mar tem um "cheiro adocicado", segundo dizem, devido à presença de plantas aquáticas.

Recife

Recife is one of the main, big ports of entry for international tourism in the Northeast of Brazil, and had as its beginning the port naturally formed by the barrier of coral reefs which runs along the coastline. The city maintains an important historical heritage, with old mansions from the 17th to the 19th century, beautiful, baroque churches, and the fortresses which used to defend the city. The Boa Viagem (Bon Voyage) Beach (photo), is the most popular. There, the sea has a sweetish smell, which they say comes from the water plants.

Culinária

Deliciosos pratos preparados com pescados, como as peixadas, os ensopados de camarão e as casquinhas de siri. Há também especialidades originárias do interior do estado, como a carne-de-sol (carne seca ao sol e posteriormente assada ou frita) e a buchada de bode ou carneiro.

Cuisine

Delicious fish dishes, such as the fish stews, the shrimp stews, and crabmeat in shells. There are also specialties originally from the interior of the state, such as carne-de-sol (jerked beef – meat dried in the sun and then later roasted or fried), and goat's or sheep's innards.

Igrejas

A Capela Dourada (1695), uma das mais bonitas do país, em estilo barroco, tem o altar folheado a ouro e belas pinturas no teto. Próximos, o Convento e o Museu Franciscano de Arte Sacra. Destacam-se a Igreja de Santo Antônio, a Basílica N. S. do Carmo e a N. S. do Rosário dos Pretos.

Churches

The Capela Dourada (1695) (Golden Chapel), one of the most beautiful, baroque-style churches in the country, has a gold-plated altar and beautiful paintings on the ceiling. Nearby, the Convento e Museu Franciscano de Arte Sacra. Also magnificent are the Igreja de Santo Antonio, the Basílica N.S. do Carmo, and the N.S. do Rosário dos Pretos.

DELFIM MARTINS / PULSAR IMAGENS

Bairro do Recife (Recife Antigo)

Reúne construções centenárias, muitas delas utilizadas como bares e restaurantes. Destaca-se a Torre Malakoff, do século 19, que serviu de observatório astronômico; e a primeira sinagoga das Américas, do século 17.

Bairro do Recife (Old Recife)

A collection of centuries-old buildings, many of them used as bars and restaurants. The Torre Malakoff (Malakoff Tower) from the 19th century, which used to be an astronomical observatory is outstanding; and the first synagogue in the Americas, from the 17th century.

Museus

No Museu do Homem do Nordeste, peças que retratam a produção do açúcar. No Instituto Ricardo Brennand está a memória do período holandês. Vale a pena visitar a Fundação Gilberto Freyre, o Centro Cultural Francisco Brennand e o Museu do Trem. O Forte das Cinco Pontas mantém o Museu da Cidade e o Forte do Brum, o Museu Militar.

Museums

In the Museu do Homem do Nordeste, pieces which depict the production of sugar. In the Instituto Ricardo Brennand, are the records of the Dutch period. Also worth visiting are the Fundação Gilberto Freyre, the Centro Cultural Francisco Brennand, and the Museu do Trem. The Forte das Cinco Pontas houses the Museu da Cidade, and in the Forte do Brum there is the Museu Militar.

Fernando de Noronha

Arquipélago a 360 km de Natal e a 545 km de Recife.
Em nome da preservação, somente 540 turistas podem
permanecer na ilha de cada vez, além dos 3000
moradores. Por quase 250 anos serviu como presídio e,
devido ao seu isolamento, não foi necessária a
construção de celas. Hoje, 70% da terra e do mar da
região formam um Parque Nacional Marinho.
Um dos melhores lugares do mundo para o mergulho,
com águas claras de visibilidade de até 50 m e
temperatura média de 27ºC, que permitem a observação
de peixes, raias, tubarões, tartarugas e golfinhos,
além das algas, esponjas e corais.

Fernando de Noronha

An archipelago 360 km from Natal and 545 km from Recife.
In the name of preservation, only 540 tourists can stay on
the island at any one time, as well as the 3,000 inhabitants.
For almost 250 years it was used as a prison, and due to its
isolated nature it was not necessary to build cells. Nowadays,
70% of the land and sea of the region form a National
Marine Sanctuary. One of the best places in the world for
diving, with crystalline waters and visibility as far as 50m
deep and an average temperature of 27ºC, which allow you
to see fish, rays, sharks, sea turtles and dolphins, as well as
algae, sponges and corals.

Ilha de Itamaracá (53 km de Recife)
Além de sua beleza natural, tem como destaques
o Forte Orange, construído por holandeses
e reconstruído pelos portugueses no século 17,
e o Centro de Preservação do Peixe-Boi.

**Ilha de Itamaracá (Island of Itamaracá –
53 km from Recife)**
 As well as its natural beauty, also outstanding are the
Forte Orange (Orange Fortress), built by the Dutch and
rebuilt by the Portuguese in the 17th century, and the
Centro de Preservação do Peixe-Boi (Center for the
Preservation of Manatees).

Paraíba

Partindo do litoral em direção ao interior, a paisagem paraibana se modifica. Primeiro o litoral, os mangues e a zona da mata. Depois o agreste, as serras e, finalmente, o sertão. Cada região tem sua vegetação típica, seus costumes e histórias.

Leaving from the coast and heading towards the interior, the landscape of Paraíba changes. First, the coastal region, the swamps covered with mangroves and the forest area. Then the zone of bare, rocky soil, the mountains, and finally, the thorny scrub hinterlands. Each region has its own typical vegetation, customs and stories.

ÁREA TERRITORIAL 56.439,838 km² • AREA 56,439 sq km

POPULAÇÃO • 3.443.825 (IBGE 2000) • POPULATION 3,443,825 (IBGE Census 2000)

TEMPERATURA MÉDIA ANUAL • AVERAGE ANNUAL TEMPERATURE   26°C

João Pessoa

Fundada em 1585, João Pessoa é a terceira cidade mais antiga do Brasil, e uma das mais arborizadas, com áreas de mata preservadas, praças e jardins. Além disso, é o ponto mais oriental da América do Sul, onde o sol nasce primeiro, sobre a praia da Ponta do Seixas. Os hotéis e restaurantes se concentram nas praias de Tambaú, Manaíra e Cabo Branco. Redes e bonecas de pano podem ser encontradas no Mercado de Artesanato Paraibano.

João Pessoa

Founded in 1585, João Pessoa is the third oldest city in Brazil, and one of the cities with the largest number of trees, with preserved forests, squares and gardens. Apart from this, it is the eastern-most point of South America, where the sun rises first, over the Ponta do Seixas beach. The hotels and restaurants are concentrated on the beaches of Tambaú, Manaíra and Cabo Branco. Hammocks and rag dolls can be found at the Mercado de Atresanato Paraibano (Handicraft Market of Paraíba).

Construções históricas

A capital possui um belo conjunto barroco do qual fazem parte a Igreja de São Francisco e o Convento de Santo Antônio. Outros destaques são o Teatro Santa Rosa (1889), o Palácio da Redenção e a antiga Faculdade de Direito, ambos de 1586.

Historic Buildings

The capital has a number of beautiful, baroque buildings, some of which are the Igreja de São Francisco, and the Convento de Santo Antônio. Others worth noting are the Teatro Santa Rosa (1889), the Palácio de Redenção, and the old Faculdade de Direito, both from 1586.

Festas

No mês de abril, em João Pessoa, a Paixão de Cristo é encenada ao ar livre. Em junho, acontecem as grandes festas de São João, com fogueira, cachaça, milho verde, forró e quadrilha. A maior e mais famosa delas é a de Campina Grande.

Festivals

In the month of April in João Pessoa, the Paixão de Cristo is staged in the open air. In June, there are the big festivals of São João, with bonfires, cachaça, sweet corn, forró (a popular dance), and square dances.

SALOMON CYTRYNOWICZ / PULSAR IMAGENS

Rio Grande do Norte

No século 16, os franceses invadiram a região, se aliaram aos índios potiguares e durante 50 anos contrabandearam o pau-brasil que existia em abundância no litoral. Essa situação forçou Portugal a retomar o controle da Capitania.

O governador geral ordenou então que fosse fundada uma cidade e que se construísse uma fortaleza para sua defesa. Em cumprimento às ordens, foi construída a Fortaleza dos Reis Magos, em formato de estrela, que recebeu esse nome devido à sua construção ter se iniciado em 6 de janeiro de 1598, Dia de Reis. A cidade de Natal foi fundada no dia 25 de dezembro de 1599.

ÁREA TERRITORIAL 52.796,791 km² • AREA 52,796 sq km

POPULAÇÃO • 2.776.782 (IBGE 2000) • POPULATION 2,776,782 (IBGE Census 2000)

TEMPERATURA MÉDIA ANUAL • AVERAGE ANNUAL TEMPERATURE   28°C

Imagem do Farol Mãe Luíza, em Natal

Picture of the Farol Mãe Luíza (Mother Luíza Lighthouse) in Natal

In the 16th century, the French invaded the region, formed an alliance with the potiguar Indians, and for 50 years smuggled out the Brazil wood, which existed in abundance in the coastal area. This situation forced Portugal to take back control of the captaincy (administrative division).

After that, the governor general ordered a city to be founded and a fortress built to defend it. To carry out the orders, the Fortaleza dos Reis Magos (Fortress of the Three Magi) was built in the form of a star. It was given this name because the construction started on January 6, 1598, Dia dos Magos (Day of the Magi – Epiphany). The city of Natal (Nativity of Christ), was founded on December 25, 1599.

Natal

De prédios históricos como o Teatro Alberto Maranhão, que completou cem anos em 2004, à base de lançamento de foguetes da Barreira do Inferno, Natal tem tudo para agradar e surpreender. Suas dunas estão entre as mais belas paisagens do Nordeste. Os turistas podem percorrê-las em buggies, ou optar por um exótico passeio sobre um jegue ou dromedário.

Natal

From historic buildings, like the Teatro Alberto Maranhão (Alberto Maranhão Theater), which celebrated its 100th anniversary in 2004, to the Barreira do Inferno (Barrier of Hell) rocket launch base, Natal has everything to please and surprise. The sand dunes are among the most beautiful landscapes in the Northeast. Tourists can visit them in dune buggies, or choose an exotic ride on a donkey or a dromedary.

ZIG KOCH

JUCA MARTINS / PULSAR IMAGENS

Em Genipabu, a 30 km de Natal, dunas gigantescas e passeios emocionantes

In Genipabu, 30 km from Natal, giant sand dunes and thrilling buggy rides

Praia da Pipa

A praia da Pipa, a 80 km de Natal, é um verdadeiro santuário ecológico onde moram golfinhos e tartarugas. No pequeno vilarejo, lojas, pousadas e bons restaurantes. À noite, reggae, forró e rodas de capoeira.

Praia da Pipa (Kite Beach)

The Praia da Pipa, 80 km from Natal, is a real ecological sanctuary, where dolphins and sea turtles live. In the small village, shops, inns and good restaurants. At night, reggae, forró (typical dance), and circles of capoeira (a kind of leg wrestling with sudden, agile movements of the body).

ZIG KOCH

Ceará

Sua orla marítima, com 573 km, é um dos destinos turísticos mais procurados do Brasil, com dunas, coqueirais, enseadas de água doce e antigas vilas de pescadores. No litoral sul, Canoa Quebrada, conhecida pelas belas falésias; no litoral norte, Jericoacoara, com imensas dunas brancas. Ambas, reconhecidas internacionalmente, atraem visitantes de todo o mundo.

ÁREA TERRITORIAL 148.825,602 km² · AREA 148,825 sq km

POPULAÇÃO · 7.430.661 (IBGE 2000) · POPULATION 7,430,661 (IBGE Census 2000)

TEMPERATURA MÉDIA ANUAL · AVERAGE ANNUAL TEMPERATURE   27°C

The 573 km of seashore make this one of the most sought after tourist destinations in Brazil, with sand dunes, coconut groves, small freshwater bays, and old fishing villages. On the south coast, Canoa Quebrada (Broken Boat), known for its beautiful sea cliffs; on the north coast, Jericoacoara, with huge, white sand dunes. Both are known internationally and attract visitors from all over the world.

DELFIM MARTINS / PULSAR IMAGENS

Fortaleza

Apelidada de "terra do sol", a capital cearense tem muito a oferecer. Nos últimos anos se desenvolveu muito, atraindo investimentos e novos moradores à procura de oportunidades e de uma boa qualidade de vida.
A avenida Beira-Mar concentra, em torno do calçadão, os principais bares e restaurantes da cidade, animadas casas de forró e a tradicional feira de artesanato que acontece diariamente. Além da enorme quantidade de praias próximas à capital, há em Porto das Dunas um grande parque aquático, o Beach Park, onde o banho de piscina se mistura com o de mar, agradando turistas de todas as idades e localidades.

Fortaleza (Fortress)

Nicknamed "the land of sun", the capital of Ceará has lots to offer. In recent years it has developed a great deal, attracting investments and new residents looking for opportunities and a high quality lifestyle. On the Beira-Mar (Seafront) avenue around the promenade, there is a concentration of the main bars and restaurants in the city, lively forró (a typical dance) clubs, and the traditional, daily handicrafts fair. As well as the enormous quantity of beaches near the capital, in Porto das Dunas (Sand Dune Port) there is a big water park, the Beach Park, where you can bathe in swimming pools or in the sea, delighting tourists of all ages and from all over.

O típico cartão postal de
Fortaleza com uma bela
praia ensolarada e jangadas
no mar

The typical postcard picture of
Fortaleza with a beautiful, sun-
drenched beach and jangadas
(sailing rafts) in the sea

Jericoacoara (327 km de Fortaleza)

Alguns dizem que o nome de origem indígena significa "buraco das tartarugas", numa referência ao período de desova. Outros garantem que quer dizer "jacaré tomando sol". O lugar não passava de uma tranqüila aldeia de pescadores até o final dos anos 80, quando o jornal americano *Washington Post Magazine* incluiu Jericoacoara na lista das dez mais belas praias do planeta.

Jericoacoara (327 km from Fortaleza)

Some people say that the name, of Indian origin, means "sea turtles' hole", alluding to the period when they lay their eggs. Others affirm it means "sunbathing alligator". The place was no more than a quiet fishing village until the end of the 80's, when an American newspaper, the *Washington Post Magazine*, included Jericoacoara on the list of the ten most beautiful beaches on the planet.

Maranhão

Os franceses chegaram ao Maranhão em 1612 e foram bem recebidos pelos índios Tupinambás. Chamaram o lugar de Saint-Louis, em homenagem ao príncipe regente da França, Luís XIII. Até então os portugueses não tinham dado atenção à região, mas, temendo perdê-la, a reconquistaram em três anos. Entre 1641 e 1645, tiveram que disputá-la com os holandeses e, mais uma vez, saíram vitoriosos. O estado se desenvolveu graças ao algodão, ao arroz, ao açúcar e ao babaçu.

ÁREA TERRITORIAL 331.983,293 km² · AREA 331,983 sq km

POPULAÇÃO · 5.651.475 (IBGE 2000) · POPULATION 5,651,475 (IBGE Census 2000)

TEMPERATURA MÉDIA ANUAL · AVERAGE ANNUAL TEMPERATURE 26°C

The French arrived in Maranhão in 1612 and were well received by the Tupinambás Indians. They called the place Saint-Louis, in honor of the Prince Regent of France, Luis XIII. Until then the Portuguese had not paid any attention to the region, but fearing they might lose it, they reconquered it in three years. Between 1641 and 1645 they had to fight over it with the Dutch, and once again came out victorious. The state developed thanks to the cotton, rice, sugar and the babaçu palm.

Tradição do Bumba-meu-boi, em São Luís

Tradition of Bumba-meu-boi (popular dance and pageant), in São Luis

São Luís

Declarada Patrimônio Histórico pela Unesco, com mais de 3500 construções do período colonial, preserva, em suas ruas estreitas, antigos sobrados com azulejos portugueses e sacadas de ferro que dão um ar poético à cidade.

Além de casarões e museus, São Luís tem belas praias como as de São Marcos, do Calhau e do Caolho. O bumba-meu-boi e o tambor-de-crioula são as manifestações folclóricas tradicionais, mas há uma paixão pelo ritmo do reggae, trazido do Caribe nos anos 70.

São Luis

Declared a Historical Heritage by Unesco, with more than 3,500 buildings from the colonial period, it preserves in its narrow streets old, two-storied houses with Portuguese wall tiles and iron balconies, which lend a poetic air to the city.

Apart from mansions and museums, São Luis has beautiful beaches, such as São Marcos, Calhau and Caolho. The bumba-meu-boi (dance and pageant) and the tambor-de-crioula (negro woman's drum) are expressions of folkloric traditions, but there is also a passion for the rhythm of reggae, brought from the Caribbean in the 70's.

Alcântara

Na cidade tombada pelo Instituto do Patrimônio Histórico e Artístico Nacional, as construções dos séculos 18 e 19 (ao lado) convivem com uma avançada base aeroespacial, a maior da América Latina, localizada a 10 km do centro.

Alcântara

In the city put under trust by the National Institute of Historical and Artistic Heritage, the buildings from the 18th and 19th centuries (photo) exist alongside an advanced aerospace base, the biggest in Latin America, situated 10 km from the center.

ZIG KOCH

Lençóis Maranhenses

No norte do estado, numa faixa que se estende por 70 km de litoral e avança 50 km dentro do continente, está uma das paisagens mais incríveis do Brasil. Dunas de até 50 m de altura e lagoas de água doce. O vento não só traz os grãos de areia como transforma a paisagem a cada instante (ao lado).

Lençois Maranhenses

In the north of the state, in an area that stretches for 70 km along the coastline and goes 50 km into the mainland, is one of the most incredible landscapes in Brazil. Sand dunes up to 50 meters high and freshwater lakes. The wind not only blows in the grains of sand, but also transforms the landscape by the minute. (photo)

ZIG KOCH

The Southeast

Região
Sudeste

Rio de Janeiro
São Paulo
Espírito Santo
Minas Gerais

Rio de Janeiro: uma
cidade moderna e
descontraída

Rio de Janeiro: a modern
and friendly city

Rio de Janeiro

O Rio de Janeiro é o principal destino de turistas brasileiros e de estrangeiros que vêm ao país. Sua fama começou em 1808, quando D. João, acompanhado de sua família e da Corte, elegeu o lugar como moradia. Até hoje, todos os que conhecem seus encantos não têm vontade de ir embora.

ÁREA TERRITORIAL 43.696,054 km² • AREA 43,696 sq km

POPULAÇÃO • 14.391.282 (IBGE 2000) • POPULATION 14,391,282 (IBGE Census 2000)

TEMPERATURA MÉDIA ANUAL • AVERAGE ANNUAL TEMPERATURE 23°C

Rio de Janeiro is the main destination of Brazilian tourists and foreigners who come to the country. Its fame began in 1808, when Dom João, accompanied by his family and retinue, chose to make the place his residence. Until today, everyone who gets to know its charms has no desire to leave.

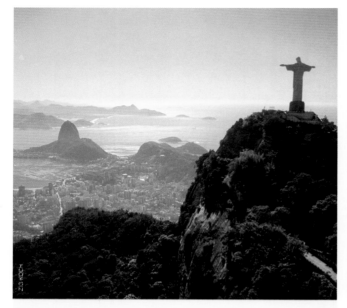

Rio de Janeiro

Entre o verde das montanhas e o azul do mar, a cidade
do Rio de Janeiro surge com o charme de uma
metrópole e a descontração de um paraíso tropical.
À primeira vista a cidade surpreende e supera as
expectativas do viajante que se sente parte de um
dos cartões postais mais admirados do mundo.
Além da natureza pródiga, o jeito alegre do carioca
é contagiante.
Em qualquer estação do ano, graças ao clima,
é possível aproveitar algum ponto dos 90 km de
praias. Mas nem só de sol vive a cidade: museus,
exposições, shows e casas noturnas também fazem
parte do espetáculo que é essa cidade, não por acaso
chamada de Cidade Maravilhosa.

Rio de Janeiro

Between the green of the mountains and the blue of the sea,
the city of Rio de Janeiro emerges with all the charm of a
metropolis and the relaxed atmosphere of a tropical paradise.
At first site the city amazes and surpasses all the expectations
of the traveler, who feels part of one of the most admired
picture postcards in the world. Apart from the wonderful
natural beauty, the happy manner of the carioca
(inhabitant of Rio) is contagious. Thanks to the climate,
it is possible to enjoy some part of the 90 km of beaches
during any season of the year. But the city does not live only
from the sun; museums, exhibitions, shows and night clubs
are part of the spectacle that is Rio, this city which is called
the Marvelous City for a very good reason.

Pão de Açúcar
Por meio de um teleférico,
chamado bondinho,
inaugurado em 1912,
pode-se percorre
a distância de 735 m
entre dois morros:
o da Urca (220 m de
altura) e o Pão de Açúcar
(396 m de altura), acima
do mar e da floresta verde.
Outro símbolo do Rio
é o Cristo Redentor, que do
alto do Corcovado abençoa
a cidade.

Pão de Açúcar (Sugar Loaf)
By means of a cable car, called
'bondinho', which was
opened in 1912, you can
cover the distance of 735
meters between the two
mountains: Urca (220 meters
high), and the Pão de Açúcar
(396 meters high), above the
sea and the green forest.
Another symbol of Rio is the
Cristo Redentor (Christ the
Redeemer), which blesses
the city from the top of
the Corcovado.

Centro

Do início do século 20, o Teatro Municipal, inspirado na Ópera de Paris; a Biblioteca Nacional, oitava maior do mundo, e o Museu da República. Também na região está a Confeitaria Colombo, no estilo Art Nouveau. No berço do samba carioca, se vêem os "Arcos da Lapa", construídos entre 1719 e 1725 para servir de aqueduto e que hoje servem de caminho para um bonde de 1877 que leva ao tradicional bairro de Santa Teresa.

Próximos ao porto estão o Museu Histórico Nacional; o Palácio da Ilha Fiscal, da época imperial, e a ponte Rio-Niterói, com 14 km de extensão.

The Center

From the beginning of the 20th century, the Teatro Municipal, inspired by the Opera House in Paris; the Biblioteca Nacional, the eighth largest in the world, and the Museu da República. Also in this area is the art nouveau style Colombo Confectioner's Shop. At the birthplace of the samba from Rio, you can see the Arcos da Lapa, built between 1719 and 1725 as an aqueduct, and which nowadays are used as the lines for the streetcar of 1877, which takes you to the traditional district of Santa Teresa.

Near the port are the Museu Histórico Nacional; the Palácio da Ilha Fiscal, from the imperial era, and the 14 km long Rio-Niteroi bridge.

Floresta da Tijuca

Considerada a maior floresta urbana do mundo, com cerca de 3200 hectares, a Floresta da Tijuca envolve a cidade, com centenas de espécies da fauna e da flora brasileiras. Além do Parque Nacional da Tijuca, a natureza pode ser apreciada entre as alamedas e palmeiras do Jardim Botânico, criado em 1808 pelo rei D. João VI.

Floresta da Tijuca (Tijuca Forest)

Considered to be the biggest urban forest in the world, with about 3,200 hectares, the Floresta da Tijuca envelops the city, with hundreds of species of Brazilian flora and fauna. Apart from the Parque Nacional da Tijuca, nature can be enjoyed between the streets and palm trees of the Jardim Botánico, built by the king Dom João VI.

Lagoa Rodrigo de Freitas

Próxima a bairros populosos como Ipanema, Leblon e Copacabana, a lagoa é um oásis de tranqüilidade e um lugar perfeito para fazer caminhadas, andar de patins ou bicicleta e observar o treino das equipes de remo.

Lagoa Rodrigo de Freitas (Rodrigo de Freitas Lake)

Near to densely populated districts such as Ipanema, Leblon and Copacabana, the lake is an oasis of tranquility and a perfect place to walk, skate or cycle and watch the rowing teams practice.

Festas

No Réveillon, cerca de 1,5 milhão de pessoas vestidas de branco se concentram na praia de Copacabana para assistir à tradicional queima de fogos.
Mas é o carnaval do Rio que recebe o título do maior show da Terra. A festa começa meses antes da data oficial, com os ensaios nas quadras das Escolas de Samba, que podem ser vistos durante o ano. Depois, durante duas noites seguidas, explode em alegria no sambódromo.

Festivals

On New Year's Eve about 1.5 million people dressed in white gather on Copacabana beach to watch the traditional firework display.
But it is the Rio carnival which receives the title of the greatest show on earth. The party begins months before the official date with the rehearsals in the square enclosures of the samba schools, which can be seen throughout the year. Afterwards, for two consecutive nights there is an outburst of happiness at the sambódromo.

Copacabana

Atravessando a larga calçada da avenida Atlântica, com seu mosaico preto e branco representando as ondas do mar, o turista chega na areia fina e branca da praia de Copacabana. Quiosques com água de coco, vôlei de praia, ciclovia, postos de salvamento com chuveiros e sanitários permitem que se passe o dia todo aproveitando a imensa praia.

De frente para o mar está o imponente Hotel Copacabana Palace, inaugurado em 1923; cenário de filmes famosos e de histórias lendárias, onde já se hospedaram grandes personalidades, entre os quais Albert Einstein, Santos Dumont e Marlene Dietrich e, mais recentemente, Bill Clinton e o príncipe Charles.

Copacabana

Tourists reach the fine, white sands of Copacabana beach by crossing over the wide sidewalk of the Atlántica avenue with its black and white mosaic representing the waves of the sea. It is possible to spend the whole day making the most of the enormous beach with its kiosks with water and coconut milk, beach volleyball, bicycle lanes, and lifeguard stations with showers and toilets. Facing the sea is the majestic Hotel Copacabana Palace, opened in 1923; the setting for famous films and fabulous stories, where many influential people have stayed, among them Albert Einstein, Santos Dumont and Marlene Dietrich, and more recently, Bill Clinton and Prince Charles.

Ipanema

Quem não conhece a famosa canção "Garota de Ipanema", de Tom Jobim e Vinicius de Moraes? As ruas de Ipanema traduzem o charme carioca. Com lojas e restaurantes sofisticados, é um bom programa para o final de tarde. Durante o dia a atração é a praia, freqüentada por belas mulheres e jovens de corpos perfeitos.

Ipanema

Everyone knows the famous song "The Girl from Ipanema" by Tom Jobim and Vinícius de Moraes. The streets of Ipanema represent the charm of Rio. With sophisticated shops and restaurants it is good for end of the afternoon entertainment. During the day the main attraction is the beach, frequented by beautiful women and young people with perfect bodies.

Barra da Tijuca

Um pouco mais distante, mas nem por isso menos agradável, está a praia da Barra, com 18 km de extensão e vários pontos de encontro.

Barra da Tijuca

A little further, but just as pleasant, is the Barra beach stretching for 18 km and with various meeting points.

Futebol

No estádio do Maracanã, além das animadas partidas com milhares de torcedores fanáticos, pode-se ver o hall da fama, com a marca impressa dos pés dos mais famosos jogadores de futebol.

Football

At the Maracanã stadium, as well as the lively games with thousands of fanatical supporters, you can also see the hall of fame with the footprints of the most famous football players.

Favelas

Não é recomendável visitá-las sozinho, por serem verdadeiros labirintos. Mas alguns tours especializados levam os turistas a elas.

Favelas (Shanty towns)

It is not advisable to visit them alone, since they are real labyrinths, but some specialized tours take tourists to see them.

*Estádio do Maracanã:
inaugurado em 1950*

*Maracanã stadium, opened
in 1950*

ZIG KOCH

Igrejas

Catedral Metropolitana (1964-79): em forma de cone, com belos vitrais.

Mosteiro de São Bento: arquitetura colonial e obras dos séculos 17 e 18.

Igreja N. S. da Glória do Outeiro (1714-39): com azulejos pintados à mão.

Igreja da Ordem Terceira do Carmo (1770): os campanários são de 1850.

Igreja N. S. da Penha de França (1871): no alto de um morro de 69 m.

Igreja e Convento de S. Antonio (1620/1780): conjunto com a Igreja de S. Francisco da Penitência.

Igreja N. S. do Bonsucesso (1780): em estilo barroco.

Igreja S. Francisco de Paula (1801): adornada com trabalhos do Mestre Valentim.

Churches

Catedral Metropolitana (1964-79): cone-shaped with beautiful stained glass windows.

Mosteiro de São Bento: colonial architecture and works from the 17th and 18th centuries.

Igreja N.S. da Glória do Outeiro (1714-39): with hand-painted tiles.

Igreja da Ordem Terceira do Carmo (1770): the bell towers are from 1850.

Igreja N.S. da Penha de França (1871): on the top of a hill 69 meters high.

Igreja e Convento de S. Antonio (1620/1780): complex with the Igreja de S. Francisco da Penitência.

Igreja N.S. do Bomsucesso (1780): in baroque style.

Igreja S. Francisco de Paula (1801): decorated with the works of Master Valentim.

Candelária (1775): construída no local da primeira capela da cidade

Candelária (1775) (Candlemas): built on the site of the first chapel in the city

LUCIANA WHITAKER / PULSAR IMAGENS

Museus

Museu Nacional: o primeiro museu do Brasil, instalado no Palácio São Cristóvão, onde morou a família imperial até 1889.

Museu Histórico Nacional: ocupa o conjunto arquitetônico formado pelo antigo Arsenal de Guerra e pela Casa do Trem, do século 18. Mais de 300 mil peças contam a História do Brasil, do Descobrimento ao início da República.

Museu do Primeiro Reinado: peças e documentos do período entre 1822 e 1831.

Museu da República: no Palácio do Catete, onde o presidente Getulio Vargas se suicidou, em 1954.

Museu da Casa de Rui Barbosa: coleções, livros e objetos raros.

Museu Nacional de Belas Artes: criado em 1938, com acervo de 15 mil obras e biblioteca.

Museu de Arte Moderna: acervo de 15 mil peças, entre pinturas, esculturas e gravuras.

Chácara do Céu: a casa, de 1957, foi de um colecionador. Obras de Matisse, Monet e Picasso, entre outros.

Museu da Cidade: no Parque da Cidade, na Gávea.

Museu do Índio: instalado em um casarão de 1880, com 15 mil peças entre cestaria, cerâmica e armas.

Museums

Museu Nacional: the first museum in Brazil, set up in the Palácio São Cristovão, where the imperial family lived until 1889.

Museu Histórico Nacional: houses the architectonic complex formed by the old Arsenal de Guerra and the Casa do Trem, from the 18th century. More than 300 pieces tell the story of Brazil from its discovery to the beginning of the Republic.

Museu do Primeiro Reinado: pieces and documents from the period between 1822 and 1831.

Museu da República: in the Palácio do Catete where Getulio Vargas committed suicide in 1954.

Museu da Casa de Rui Barbosa: collections, books and rare objects.

Museu Nacional de Belas Artes: established in 1938, with a collection of 15,000 objects and a library.

Museu de Arte Moderna: collection of 15,000 pieces, including pictures, sculptures and engravings.

Chácara do Céu: built in 1957, it was a collector's house. Works by Matisse, Monet, and Picasso, among others.

Museu da Cidade: in the Parque da Cidade in Gávea.

Museu do Índio: set up in a mansion from 1880, with 15,000 pieces including basketwork, ceramics and weapons.

Museu de Arte Contemporânea de Niterói, projetado por Oscar Niemeyer

Niterói Museum of Contemporary Art, designed by Oscar Niemeyer

RENATA MELLO / PULSAR IMAGENS

Angra dos Reis

No litoral sul, a 168 km da capital. Conhecida pela beleza de suas praias e pela prática do mergulho. A melhor maneira de conhecer suas ilhas é através de um passeio de barco. No centro histórico, a marca da imigração italiana no Brasil.

Angra dos Reis

On the south coast, 168 km from the capital. Known for the beauty of its beaches and diving activities. The best way to see the islands is by boat trip. In the historic center, signs of the Italian immigration in Brazil.

Búzios

A charmosa cidade (foto ao lado) tornou-se famosa nos anos 70, graças à presença de Brigitte Bardot. Hoje, freqüentada por artistas e empresários, Búzios possui uma boa rede hoteleira, restaurantes sofisticados e está incluída na rota de vários cruzeiros marítimos.

Búzios

The charming town (photo) became famous in the 70's, thanks to the presence of Brigitte Bardot. Nowadays, frequented by artists and entrepreneurs, Búzios has a good network of hotels, sophisticated restaurants and is included on the route of various sea cruises.

Parati

Parati (foto) teve uma grande importância
no período colonial. De seu porto saíam navios
carregando ouro e café. A cidade foi projetada para que
as ruas sejam banhadas pelo mar, mantendo-se limpas.
Um dos melhores programas em Parati é se hospedar
em uma pousada do centro histórico, caminhar pelas
ruas visitando igrejas e museus e curtir restaurantes
e bares instalados nos casarões antigos. Localizada
em uma baía com mar de águas azuis e límpidas,
o litoral tem numerosas praias, algumas ainda primitivas
e que abrigam vilas de pescadores. Não se deve deixar
de percorrer as trilhas com cachoeiras no meio
da Mata Atlântica.
De beleza suave, Parati já esteve exposta em mais
de 50 filmes, mas quem levou seu nome ao mundo
foi o navegador Amyr Klink, ao batizar sua embarcação
com o nome da cidade.

Parati

Parati (photo) was very important during the colonial
period. Ships would leave the port loaded with gold and
coffee. The town was designed so that the streets
would be washed by the sea to keep them clean.
One of the best trips to plan in Parati is to stay in
an inn in the historic center, walk along the streets
visiting churches and museums and enjoy the restaurants
and bars installed in the old mansions. Situated in a bay with
clear blue sea, the coast has numerous beaches,
some still untouched and which shelter fishing villages.
Walks along the footpaths with waterfalls in the
middle of the Mata Atlântica (Atlantic Forest)
are a must.
With graceful beauty, Parati has been shown in
more than 50 films, but it was the sailor Amyr Klink
who made the name world famous by giving his boat
the name of the town.

São Paulo

Vista do alto, a capital paulista impressiona pelo tamanho. Os mais tímidos poderão ficar receosos em aterrissar na terceira maior cidade do mundo, com 1525 km² e quase 10,5 milhões de habitantes, que completou, em 2004, 450 anos.

Mas a megalópole tem coração. Afinal, recebeu migrantes e imigrantes de todas as partes. Italianos, japoneses, árabes, judeus, coreanos. O que falta em natureza é compensado pela indústria cultural e pela culinária de mais de 30 países.

ÁREA TERRITORIAL 248.209,426 km² · AREA 248,209 sq km

POPULAÇÃO · 37.032.403 (IBGE 2000) · POPULATION 37,032,403 (IBGE Census 2000)

TEMPERATURA MÉDIA ANUAL · AVERAGE ANNUAL TEMPERATURE 20°C

Viewed from above, the capital of São Paulo impresses with its sheer size. The more faint-hearted might feel uneasy about landing in the third largest city in the world, with 1,525 sq km and almost 10.5 million inhabitants, which celebrated its 450th anniversary in 2004. But this megalopolis has a heart. After all, it has welcomed migrants and immigrants from all over. Italians, Japanese, Arabs, Jews, Koreans. What it lacks in the way of nature is compensated for by the cultural activities and the cuisine of more than 30 countries.

Entre o mar de prédios da avenida Paulista, o Masp, da arquiteta Lina Bo Bardi

Amidst the sea of buildings on the Paulista Avenue, the Masp museum, by the architect Lina Bo Bardi

São Paulo

Em 1554, um grupo de jesuítas, do qual faziam parte José de Anchieta e Manoel da Nóbrega, escalou a Serra do Mar e, ao chegar numa área alta e plana, fundou um colégio (foto), ao redor do qual surgiria o povoado de São Paulo de Piratininga. No início, sua economia girava em torno da agricultura de subsistência, mas o sonho da descoberta do ouro fez com que as expedições chamadas "bandeiras" penetrassem pelo interior do Brasil. Mas a fortuna paulista não viria dos minerais, e sim dos cafezais, a partir da metade do século 19. Os imigrantes começaram a chegar após a abolição da escravatura, em 1888, para solucionar o problema da falta de mão-de-obra na lavoura.

Nessa época, a capital já tinha os lampiões de rua que queimavam óleo de mamona ou de baleia e um parque público, o jardim da Luz. Com o tempo, os edifícios, igrejas e linhas de bonde se multiplicaram. Grandes obras urbanas foram feitas, entre elas, o viaduto do Chá e a avenida Paulista. Em 1930, a queda do preço do café criaria uma grande crise nas oligarquias paulistas e no estado, superada somente na metade do século, com o desenvolvimento da indústria. Hoje, São Paulo é o estado com a maior população, o maior parque industrial e a maior produção econômica do país. Tem 645 municípios e uma população que ultrapassa 37 milhões de habitantes.

São Paulo

In 1554, a group of Jesuits, among them José de Anchieta and Manoel da Nóbrega, climbed the Serra do Mar mountain range, and when they reached a high, flat region, they founded a college (photo), around which the settlement of São Paulo de Piratininga was to grow up. At the beginning, the economy revolved around subsistence agriculture, but the dream of discovering gold caused the expeditions, called 'bandeiras', to go way into the interior of Brazil. However, the fortune of São Paulo was not to come from minerals, but from the coffee plantations, beginning in the second half of the 19th century. The immigrants started to arrive after the abolition of slavery in 1888 to solve the problem of the lack of manual labor in the fields. At this time, the capital already had street lamps which burned castor oil or whale oil and a public park, the Luz gardens. In time, the buildings, churches and streetcar lines multiplied. Great, urban works were completed, among them the Chá viaduct, and the Paulista Avenue. In 1930, the fall in the price of coffee was to bring about a huge crisis in the oligarchies of the city and state of São Paulo, which was only overcome in the middle of the century with the development of industry. Today, São Paulo is the state with the largest population, the biggest industrial park, and the greatest economic output in the country. It has 645 municipalities and a population in excess of 37 million inhabitants.

Viaduto do Chá (1892)

Primeiro viaduto de São Paulo, construído próximo a plantações de chá, com estrutura metálica vinda da Alemanha e assoalho de madeira, hoje substituído por concreto.

Viaduto do Chá (1892) (Tea Viaduct)

The first viaduct in São Paulo, built near the tea plantations, with a metal structure that came from Germany and wooden flooring, nowadays replaced with concrete..

Edifício Itália (1956)

Localizado na esquina das avenidas Ipiranga e São Luís, durante muito tempo foi o ponto mais alto da cidade. No 45º andar funciona um belo restaurante.

Edifício Itália (1956) (Italy Building)

Situated on the corner of the avenues Ipiranga and São Luis, for a long time it was the highest point in the city. On the 45th floor there is a beautiful restaurant.

Viaduto Santa Ifigênia (1913)

A bela estrutura metálica foi trazida da Bélgica no início do século 20.

Viaduto Santa Ifigênia (1913) (Saint Ifigênia Viaduct)

The beautiful, metal structure was brought from Belgium at the beginning of the 20th century. Below it, the Vale do Anhangabaú.

Edifício Copan

Concebido por Oscar Niemeyer em forma de "S", o Copan é a maior estrutura de concreto armado de São Paulo.

Edifício Copan (Copan Building)

Conceived by Oscar Niemeyer in the form of an "S", the Copan is the biggest structure of reinforced concrete in São Paulo.

Parque do Ibirapuera
com 1,5 milhão de m² de área verde e um grande lago, é chamado de "praia dos paulistas"

Parque do Ibirapuera (Ibirapuera Park)
With 1.5 million square meters of green area and a large lake, it is called "the beach of the Paulistas"

Estação da Luz
Construída no jardim da Luz em 1901, com estruturas trazidas da Inglaterra, seu propósito era levar o café da região de Jundiaí para o porto de Santos.

Estação da Luz (Light Railway Station)
Built in the Luz gardens in 1901, with structures brought from England, its purpose was to take the coffee from the region of Jundiaí to the port of Santos.

Estação Julio Prestes (1925-38)
O antigo terminal ferroviário na praça Julio Prestes abriga, desde 1999, a moderna Sala São Paulo, um espaço para concertos e espetáculos.

Estação Julio Prestes (1925-38) (Julio Prestes Station)
Since 1999, the old railway terminal on the Julio Prestes square houses the modern Sala São Paulo (São Paulo Hall), an auditorium for concerts and public performances.

Catedral da Sé
Sua construção iniciou-se em 1913 e foi concluída em 1954. O destaque é para o órgão italiano com mais de 10 mil tubos e o carrilhão de 65 sinos de bronze.

Catedral da Sé (Cathedral)
The building was started in 1913 and finished in 1954. The Italian organ is outstanding with 10,000 pipes and 65 sets of bronze bells.

Mercado Municipal
O antigo mercado central, inaugurado em 1933, com vitrais alemães, hoje é um centro de compras e lazer.

Mercado Municipal (Municipal Market)
The old central market, opened in 1933, with German stained glass windows, is today a center for shopping and leisure.

Teatro Municipal
O edifício, de 1911, foi inspirado na Ópera de Paris e tem 1580 lugares.

Teatro Municipal (Municipal Theater)
The building, from 1911, was inspired by the Opera House in Paris and has 1,580 seats.

Museu de Arte de São Paulo (Masp)
Em plena avenida Paulista, o prédio do Masp parece estar suspenso no ar, sobre um vão livre de 74 m. Seu acervo de 5,5 mil obras inclui Renoir, Monet, Picasso, Van Gogh, Matisse e outros.

Museu de Arte de São Paulo (Masp) (São Paulo Museum of Art)
Right in the middle of the Paulista Avenue, the Masp building appears to be suspended in mid air, above an open space of 74 meters. Its collection of 5,500 works includes those of Renoir, Monet, Picasso, Van Gogh, Matisse and others.

MAURICIO SIMONETTI/PULSAR IMAGENS

Pinacoteca do Estado, acervo de 5 mil obras de arte no prédio projetado para abrigar o Liceu de Artes e Ofícios

Pinacoteca do Estado (State Picture Gallery), a collection of 5,000 works of art in the building designed to house the Arts and Crafts Training School.

Espírito Santo

O Espírito Santo é uma faixa que vai do litoral plano, com dunas e palmeiras, ao interior de serras, onde se localiza o Pico da Bandeira, o terceiro ponto mais alto do Brasil. A história do estado é cheia de conquistas, personagens interessantes e curiosas construções. Os referenciais históricos, em Vitória e em Vila Velha, estão por todo lado.

ÁREA TERRITORIAL 46.077,519 km² · AREA 46,077 sq km
POPULAÇÃO · 3.097.232 (IBGE 2000) · POPULATION 3,097,232 (IBGE Census 2000)
TEMPERATURA MÉDIA ANUAL · AVERAGE ANNUAL TEMPERATURE 22°C

Espírito Santo is an area that runs from the flat coast with sand dunes and palm trees to the interior of forests, where there is the Pico da Bandeira, the third highest point in Brazil. The history of the state is full of conquests, interesting people and curious constructions. There are places of historical interest all over Vitória and Vila Velha.

Vitória

A capital do Espírito Santo fica numa ilha costeira e abriga portos importantes, como Tubarão e o Porto de Vitória. Fundada oficialmente em 8 de setembro de 1551, possui um dos conjuntos arquitetônicos mais representativos do país, com seus casarios antigos, igrejas e palácios.

Ligada à Vitória através de pontes, está Vila Velha, onde do Convento da Penha (1558), a 154 m de altitude, é possível ter uma visão panorâmica das duas cidades.

Vitória

The capital of Espírito Santo is on a coastal island and has important ports, such as Tubarão and the Porto de Vitória. Officially founded in 1551, it has one of the most representative architectural complexes in the country, with its rows of old houses, churches and mansions.

Connected to Vitória by bridges is Vila Velha, where from the Convento da Penha (1558), at a height of 154 meters, it is possible to have a panoramic view of the two cities.

Palácio Anchieta

Construído pelos padres jesuítas no século 17, até 1760 abrigou o Colégio de São Tiago. Hoje, é sede do governo estadual e guarda o túmulo simbólico do padre José de Anchieta. A fachada principal com a escadaria é um dos cartões da cidade (foto).

Palácio Anchieta

Built by the Jesuit priests in the 17th century, until 1760 it housed the Colégio de São Tiago. Today it is the seat of the state government and guards the symbolic tomb of father José de Anchieta. The main façade with its wide steps is one of the showpieces of the city.

Congo

O congo é um ritmo que mistura as fortes batidas indígenas e a animação das danças africanas, com músicas que falam de escravidão, amor, mar, santos e morte. Os principais instrumentos utilizados são tambores, cuícas, chocalhos, casacas, triângulos e pandeiros.

Congo

The congo is a rhythm that mixes the strong, native beat and the liveliness of the African dances, with songs that speak of slavery, love, sea, saints and death. The main instruments used are drums, cuícas, triangles and tambourines.

RICARDO AZOURY / PULSAR IMAGENS

Atrações

Vale a pena conhecer o Teatro Carlos Gomes (1927), que lembra o Teatro Scala, de Milão; a Catedral Metropolitana; as igrejas de S. Gonçalo e do Rosário, ambas tombadas pelo Patrimônio Histórico. Outro destaque é o Planetário de Vitória, no campus da Universidade Federal do Espírito Santo.

Attractions

Worth visiting are the Teatro Carlos Gomes (1927), which reminds one of the Scala Theater in Milan; the Catedral Metropolitana; the churches of S. Gonçalo and Rosário, both put under trust as Historical Heritage. Also outstanding is the Planetário de Vitória (Planetarium of Vitória), on the campus of the Federal University of Espírito Santo.

Praias

Em Camburi estão os principais hotéis, bares, restaurantes e o parque Mata da Praia. A praia da Areia Preta é coberta pelas famosas areias monazíticas e a Curva da Jurema é o lugar preferido dos jovens à noite. O trecho Vitória-Guarapari é ótimo para a pesca esportiva.

Beaches

In Camburi there are the main hotels, bars, restaurants and the Mata da Praia park. The Areia Preta beach is covered with the famous monazitic sand, and the Curva da Jurema is the favorite place of young people at night. The section Vitória-Guarapari is excellent for fishing sports.

Ponte Darcy Castello de Mendonça

A "Terceira Ponte" é considerada o maior símbolo arquitetônico da cidade. Possui 3,3 km de extensão e vão principal com 70 m de altura. Hoje, é a principal ligação de Vitória com Vila Velha.

Ponte Darcy Castello de Mendonça (Darcy Castello de Mendonça bridge)

The "Third Bridge" is considered to be the biggest architectural symbol of the city. It is 3.3 km long with the main area for ships to pass under 70 meters high. Nowadays it is the main connection between Vitória and Vila Velha.

Minas Gerais

Fogão a lenha, café
feito no coador de
pano, pão de queijo,
doce de leite: essa
é a alma mineira,
cheia de fé, tradição
e segredos guardados
a sete chaves.
O mineiro fala pouco,
observa muito e recebe
como ninguém.

ÁREA TERRITORIAL 586.528,293 km² · AREA 586,528 sq km

POPULAÇÃO · 17.891.494 (IBGE 2000) · POPULATION 17,891,494 (IBGE Census 2000)

TEMPERATURA MÉDIA ANUAL · AVERAGE ANNUAL TEMPERATURE 21°C

*Museu de Arte projetado
por Oscar Niemeyer na
Lagoa da Pampulha*

*Museum of Art designed
by Oscar Niemeyer on
the Lagoa da Pampulha
(Pampulha Lake)*

Wood stove, coffee
made using a cloth
filter, pão de quejo
(cheese bread), doce
de leite (soft fudge):
this is the essence of
Minas Gerais, full of
faith, tradition and
secrets kept under
lock and key.
The people in Minas
Gerais say little, observe
a lot and welcome like
no one else

Belo Horizonte

A capital mineira começou a se espalhar entre as montanhas no final do século 19, quando foi planejada para servir de capital no lugar de Ouro Preto, em 1897. Metrópole moderna, que ao mesmo tempo preserva os antigos costumes, é uma cidade repleta de eventos culturais e oferece muitas opções para uma noite movimentada. Conta com museus históricos e de arte e belos parques, como o Municipal, grande área verde no coração da cidade, e o das Mangabeiras, com trilhas para caminhadas.

Belo Horizonte

The capital of Minas started to spread out between the mountains at the end of the 19th century when it was designed to become the capital instead of Ouro Preto, in 1897. A modern metropolis, which at the same time keeps its old customs, it is a city full of cultural events and offers many options for a lively evening. It has art and history museums and beautiful parks, such as the Municipal, a large green area in the heart of the city, and the Mangabeiras with footpaths for walks.

Igreja de S. Francisco de Assis

Inaugurada em 1945, ficou fechada por 14 anos devido ao conflito das autoridades eclesiásticas que não aprovaram a arquitetura revolucionária (foto) de Oscar Niemeyer. No interior, a arte de Portinari nos painéis e azulejos e do escultor Ceschiatti nos painéis de bronze. O paisagismo é de Burle Marx.

Igreja de S. Francisco de Assis

Opened in 1945, it remained closed for 14 years due to the disagreements of the church authorities, who did not approve of the revolutionary architecture (photo) of Oscar Niemeyer. Inside, the art of Portinari in the paintings and wall tiles and of the sculptor Ceschiatti in the bronze panels. The landscape gardening is by Burle Marx.

Museu de História Natural (Jardim Botânico)

A grande atração é o esqueleto do homem de Lagoa Santa (MG), de 10 mil anos, e réplicas de ossadas de animais pré-históricos.

Natural History Museum (Botanical Gardens)

The great attraction is the 10,000 year old skeleton of the man from Lagoa Santa (MG), and replicas of skeletons of prehistoric animals.

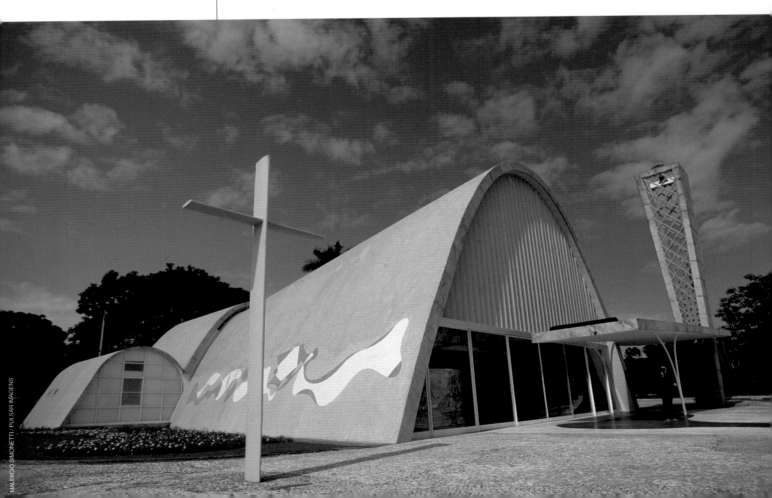

Pampulha

Construído na década de 1940, ao redor de uma lagoa artificial, o Conjunto da Pampulha possui importantes marcos arquitetônicos projetados por Oscar Niemeyer, como a Igreja de S. Francisco de Assis, que se tornou um símbolo de Belo Horizonte. O Museu de Arte mostra obras de Portinari, Di Cavalcanti, Guignard, Ianelli. Em torno da lagoa também há a Casa do Baile (centro cultural), o Zoológico, o estádio Mineirão e o Iate Clube.

Pampulha

Built in the 1940's around an artificial lake, the Pampulha Complex has important architectural landmarks designed by Oscar Niemeyer, such as the Igreja de S. Francisco de Assis, which has become a symbol of Belo Horizonte. The Museu de Arte exhibits works by Portinari, Di Cavalcanti, Guignard, Ianelli. Around the lake there are also the Casa do Baile (cultural center), the Zoo, the Mineirão stadium and the Yacht Club.

Cachaça mineira

Minas Gerais produz 2000 marcas artesanais da bebida feita com aguardente de cana-de-açúcar.

Cachaça from Minas

Minas Gerais produces 2,000 handcrafted types of drink made with liquor distilled from sugar-cane.

JUCA MARTINS / PULSAR IMAGENS

Gastronomia

Carne de porco, galinha ao molho pardo ou com quiabo e angu, feijão tropeiro, tutu, torresmo, farofa, pão de queijo. Sobremesas: bolo de fubá, goiabada com queijo, doces em calda (cidra, abóbora, figo) e doce de leite.

Gastronomy

Pork, chicken in a dark sauce, or with gumbo and angu, 'tropeiro' beans, tutu (beans, bacon and manioc flour), cracklings, farofa, pão de queijo (cheese bread). Desserts: corn meal cake, guava jam with cheese, preserves in syrup (citron, pumpkin, fig), and doce de leite (soft fudge).

DELFIM MARTINS / PULSAR IMAGENS

Congonhas

A maior atração de Congonhas é a Basílica do Bom Jesus de Matosinhos, que expõe o maior conjunto de esculturas barrocas do mundo. Em frente à igreja, cuidadosamente distribuídos, estão 12 profetas em tamanho natural, esculpidos em pedra-sabão por Antônio Francisco Lisboa, o Aleijadinho, entre 1796 e 1805. Mais adiante, seis capelas representando cenas da Paixão, com mais 66 esculturas em cedro, feitas pelo artista e seus assistentes.

Em setembro, no jubileu do Senhor Bom Jesus do Matosinhos, milhares de pessoas chegam à igreja para cumprir promessas e agradecer bênçãos.

Congonhas

The biggest attraction in Congonhas is the Basílica do Bom Jesus de Matosinhos, which exhibits the largest collection of baroque sculptures in the world. In front of the church are 12 carefully arranged, life-sized prophets, sculptured in soap stone by Antônio Francisco Lisboa, the Aleijadinho (Little Cripple), between 1796 and 1805. Further on, six chapels representing scenes from the suffering of Christ, with 66 more sculptures in cedar wood, made by the artist and his assistants.

In September, during the jubilee of Senhor Bom Jesus do Matosinhos, thousands of people come to the church to fulfill promises made or give thanks for blessings.

Aleijadinho

Antônio Francisco Lisboa nasceu provavelmente em 1730, filho do arquiteto português Manoel Francisco Lisboa com uma escrava. Por volta de 1777, uma doença (não se sabe se lepra ou artrite) iria marcar sua vida e sua obra. A mutilação e a deformidade das mãos, dos pés e do rosto lhe valeram o apelido de Aleijadinho. A partir de 1796, e durante nove anos, com ferramentas amarradas às mãos e pulsos, ele esculpiu os 12 profetas em pedra-sabão e as 66 figuras de cedro, também em tamanho natural, expostas nas seis capelas da Via Crucis. Em todas as esculturas, a marca do artista: olhos mongóis, maçãs do rosto salientes, queixo bipartido e cabelos em caracóis.

Aleijadinho (Little Cripple)

Antônio Francisco Lisboa was probably born in 1730, son of the Portuguese architect Manoel Francisco Lisboa and a black slave woman. Around 1777, an illness (it is not known if this was leprosy or arthritis) was going to determine his life and work. The mutilation and disfigurement of his hands, feet and face earned him the nickname Aleijadinho (Little Cripple). From 1796, and for nine years, with tools strapped to his hands and wrists, he sculptured the 12 prophets in soap stone and the 66 figures in cedar wood, also life-size, exhibited in the six chapels of the Via Crucis. In all the sculptures, the characteristic signs of the artist: mongoloid eyes, prominent cheeks, split chin and curly hair.

São João Del Rei

Ainda é possível experimentar o tradicional passeio de maria-fumaça até a cidade de Tiradentes, ver os belos casarões coloniais com sacada de ferro, conhecer a história dos jornais de poste que informavam a população sobre os acontecimentos e ouvir os sinos anunciando as missas nas principais igrejas de São Francisco de Assis (1774), de Nossa Senhora do Carmo e da Basílica de Nossa Senhora do Pilar (1721). A história também está presente nos museus da cidade, com imagens sacras e muitos objetos dos séculos 18 e 19.

São João Del Rei

It is still possible to experience the traditional trip by steam train as far as the city of Tiradentes, see the beautiful, colonial mansions with iron balconies, get to know the story of the post newspapers, which used to inform the population about events, and hear the bells calling people to mass in the main churches of São Francisco de Assis (1774), Nossa Senhora do Carmo and the Basílica de Nossa Senhora do Pilar (1721). History is also present in the museums of the city, with sacred images and many objects from the 18th and 19th centuries.

ZIG KOCH

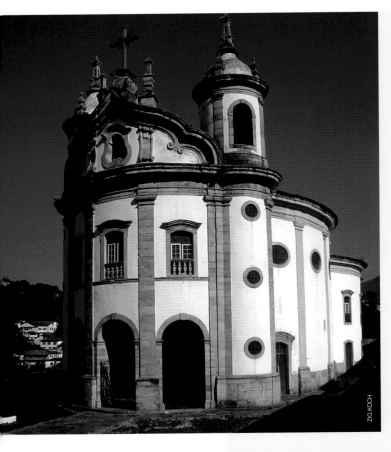

ZIG KOCH

Ouro Preto

Graças às enormes quantidades de ouro encontradas nos séculos 17 e 18, Ouro Preto, antiga Vila Rica de Albuquerque, foi capital da Província de Minas Gerais até 1897. Reconhecida como Patrimônio Cultural da Humanidade, guarda tesouros em suas igrejas, ruas e casarões. Caminhar pela praça Tiradentes, visitar a Casa dos Contos e o Museu da Inconfidência é fazer uma inesquecível viagem ao passado. Na Igreja de São Francisco de Assis, Aleijadinho e Athayde deixaram algumas de suas principais obras.

Ouro Preto

Thanks to the enormous quantities of gold found in the 17th and 18th centuries, Ouro Preto, formerly Vila Rica de Albuquerque, was the capital of the Province of Minas Gerais until 1897. Recognized as a Cultural Heritage of Mankind, it has works of art in its churches, streets and mansions. To walk around the Tiradentes square, visit the Casa dos Contos and the Museu da Inconfidência is to make an unforgettable journey into the past. In the São Francisco de Assis church, Aleijadinho and Athayde have left some of their main works.

ARAQUEM ALCÂNTARA / SAMBAPHOTO

Semana Santa: tapetes feitos com serragem, casca de ovo, flores, retalhos, pó de café e areia

Holy Week: carpets made from sawdust, egg shells, flowers, shreds, coffee powder and sand

Região Centro-Oeste

Mato Grosso
Mato Grosso do Sul
Goiás
Brasília – DF

MILTON SHIRATA

Revoada de pássaros em típica paisagem pantaneira

Flock of birds in typical swampland scenery

Mato Grosso

Mato Grosso pertencia à Espanha pelo Tratado de Tordesilhas (1494), mas os bandeirantes e os aventureiros interessados em ouro povoaram a região. Para consolidar seus domínios, Portugal criou a Capitania de Mato Grosso em 1748 e construiu vilas e fortes. A disputa pelo território só terminou oficialmente em favor de Portugal no final do século 18.

O ouro escasseou e a economia entrou em crise no século 19, até a chegada de pecuaristas, seringueiros e exploradores de erva-mate.

A separação de Mato Grosso do Sul ocorreu em 1977.

ÁREA TERRITORIAL 903.357,908 km² · AREA 903,357 sq km

POPULAÇÃO · 2.504.353 (IBGE 2000) · POPULATION 2,504,353 (IBGE Census 2000)

TEMPERATURA MÉDIA ANUAL · AVERAGE ANNUAL TEMPERATURE   26°C

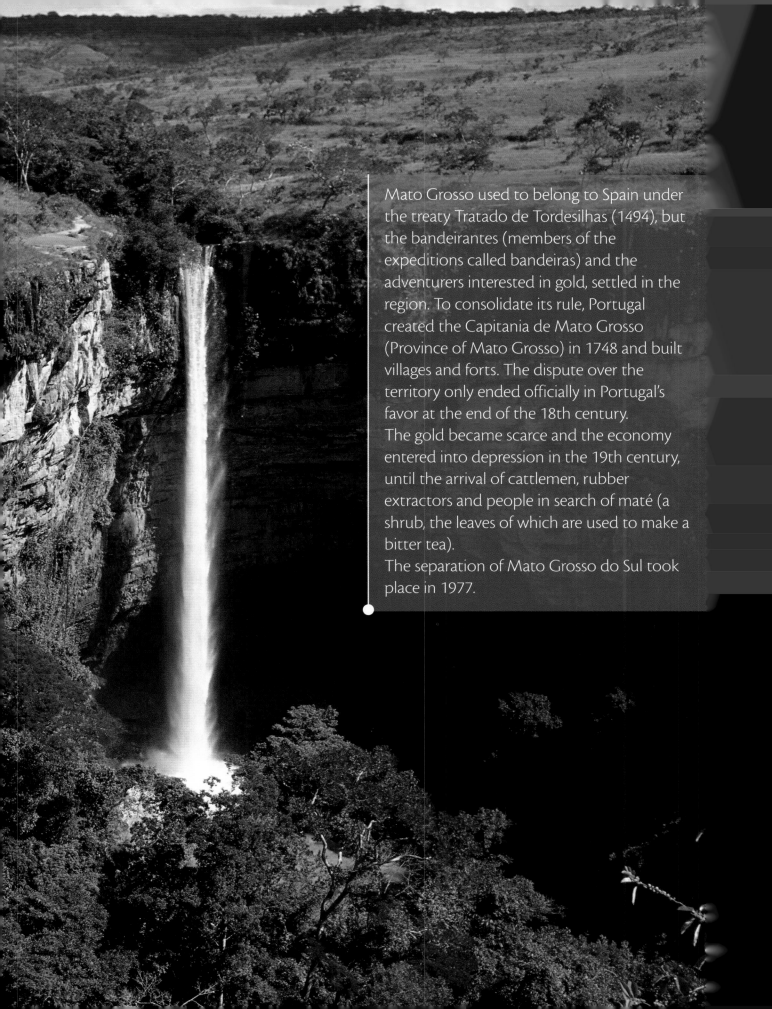

Mato Grosso used to belong to Spain under the treaty Tratado de Tordesilhas (1494), but the bandeirantes (members of the expeditions called bandeiras) and the adventurers interested in gold, settled in the region. To consolidate its rule, Portugal created the Capitania de Mato Grosso (Province of Mato Grosso) in 1748 and built villages and forts. The dispute over the territory only ended officially in Portugal's favor at the end of the 18th century.

The gold became scarce and the economy entered into depression in the 19th century, until the arrival of cattlemen, rubber extractors and people in search of maté (a shrub, the leaves of which are used to make a bitter tea).

The separation of Mato Grosso do Sul took place in 1977.

DELFIM MARTINS / PULSAR IMAGENS

Cuiabá

O nome da capital (foto) significa "lugar onde se pesca" e o habitante é chamado cuiabano ou papa-peixe, o que demonstra a importância da pesca no cotidiano do mato-grossense. Os peixes da região, como o pacu e o dourado, podem ser vistos nos rios ou no Aquário Municipal, ao lado do Museu do rio Cuiabá. O artesanato indígena está nas lojas da cidade, no Museu de História Natural e Antropologia e no Museu Rondon.

Cuiabá

The name of the capital (photo) means "place where you fish", and a person from Cuiabá is called cuiabano or papa-peixe (fish person / eater), which shows the importance of fishing in the day-to-day lives of the people from Mato Grosso. Fish from the region, such as pacu and dourado can be seen in the rivers or at the Municipal Aquarium, by the side of the Museu do rio Cuiabá (River Ciuabá Museum). Native handicrafts are in the shops in the city, in the Museum of Natural History and Anthropology and in the Rondon Museum.

Parque Indígena do Xingu

Localizado no norte do estado de Mato Grosso, entre os rios Araguaia e Xingu, a 1250 km de Cuiabá, o Parque Indígena do Xingu foi criado em 1961 graças à iniciativa dos irmãos Villas-Bôas. Com uma área de 22 mil km², abriga cerca de 3500 índios de 15 nações diferentes. A festa anual mais importante é o Quarup, que homenageia os chefes mortos e os novos líderes. Hoje, os índios ocupam a maioria dos postos administrativos do parque.

Xingu Indian Reservation

Situated in the north of the state of Mato Grosso, between the rivers Araguaia and Xingu, 1,250 km from Cuiabá, the Xingu Indian Reservation was established in 1961, thanks to the initiative of the Villas-Bôas brothers. With an area of 22,000 sq km, it shelters about 3,500 Indians of 15 different origins. The most important festival is the Quarup, which pays homage to the deceased chiefs and the new leaders. Nowadays, the Indians hold the majority of the administrative posts on the reservation.

Chapada dos Guimarães
Com área de 33 mil hectares, a Chapada dos Guimarães (foto) tem enormes formações rochosas de arenito, de onde se avista a planície pantaneira. O parque abriga muitas cachoeiras, cânions e mais de 50 sítios arqueológicos, além de uma rica fauna.

Chapada dos Guimarães (Guimarães Tableland)
With an area of 33,000 hectares, the Chapada dos Guimarães (photo) has enormous, sandstone rock formations, from which you can see the plains of Mato Grosso. The park has many waterfalls, canyons and more than 50 archeological sites, as well as rich fauna.

ZIG KOCH

Mato Grosso do Sul

Após a separação de Mato Grosso, em 1977, o novo estado atraiu migrantes do Sul do Brasil em busca de terras mais baratas, boas para a pecuária ou para as plantações de soja, trigo, cana-de-açúcar, milho, mandioca, arroz, algodão e café.

Para os turistas, as maiores riquezas estão na fauna e flora do Pantanal, a maior planície alagada do planeta, reconhecida como Patrimônio Natural da Humanidade.

O pantanal abriga pelo menos 665 espécies de aves, 80 de mamíferos, 263 espécies de peixes, 50 de répteis e 2 mil espécies de plantas.

ÁREA TERRITORIAL 357.124,962 km² · AREA 357,124 sq km

POPULAÇÃO · 2.078.001 (IBGE 2000) · POPULATION 2,078,001 (IBGE Census 2000)

TEMPERATURA MÉDIA ANUAL · AVERAGE ANNUAL TEMPERATURE 25°C

After the separation from Mato Grosso in 1977, the new state attracted migrants from the south of Brazil in search of cheaper land, good for cattle breeding or for planting soybean, wheat, sugar cane, corn, manioc, rice, cotton and coffee.

For tourists, the greatest treasures are in the flora and fauna of the Pantanal, the biggest swampland plains on the planet, recognized as a Natural Heritage of Mankind.

The Pantanal shelters at least 665 species of birds, 80 species of mammals, 263 species of fish, 50 species of reptiles and 2,000 species of plants.

A exuberância do pantanal mato-grossense do sul

The exuberance of the swamplands of Mato Grosso do Sul

DELFIM MARTINS / PULSAR IMAGENS

ZIG KOCH

Campo Grande

Na capital, o destaque é para o Museu Dom Bosco, ou Museu do Índio, com centenas de objetos de várias tribos, colecionados pelos padres salesianos, além de setores de paleontologia, etnologia, entomologia, arqueologia e mineralogia, com importantes peças de várias partes do mundo. A 248 km de Campo Grande fica a cidade de Bonito, cujo nome não deixa dúvidas.

Campo Grande

Of special interest in the capital is the Museu Dom Bosco or Museum of the Indian, with hundreds of objects from various tribes, collected by the Salesian priests, as well as departments of paleontology, ethnology, entomology, archeology and mineralogy, with important pieces from various parts of the world. 248 km from Campo Grande is the town of Bonito (Beautiful), the name of which says everything.

Bonito

Os rios de águas cristalinas brotam de paisagens calcárias, preenchendo lagos com jardins de plantas aquáticas onde peixes coloridos passeiam como se estivessem em um grande aquário feito pela natureza. As grutas e cavernas, modeladas pela ação do tempo, são passagens para um mundo cheio de surpresas. Há programas para todos os que querem observar os peixes, da simples flutuação até o mergulho profissional. Algumas fazendas particulares organizam passeios a pé ou a cavalo pelas trilhas, ou ainda em botes, caiaques e bóias pelos rios.

Bonito

The rivers with crystal clear waters spring from chalky landscapes, filling lakes with gardens of water plants where colored fish swim around as if they were in a big aquarium made by nature. The grottos and caves, shaped by time, are passages to a world full of surprises. There are trips for everyone who wants to watch the fish, from simple flotation to professional diving. Some private ranches organize trips on foot or on horseback along the trails or also down the rivers in dinghies, kayaks and life buoys.

Gruta do Lago Azul

Na gruta de paredes calcárias encontra-se um lago de água transparente e azulada com 100 m de largura e 70 m de profundidade. O local é tombado pelo Patrimônio Histórico e o número de visitas por dia é limitado.

Gruta do Lago Azul

In the grotto with chalk walls there is a lake with blue, transparent water, 100 meters wide and 70 meters deep. The place is under trust as a Historical Heritage and the number of visitors per day is limited.

Gruta do Mimoso

A gruta guarda um lago cristalino que se estende por 300 m, penetrando em galerias esculpidas pela água e decoradas por estalagmites.

Gruta do Mimoso

The grotto has a crystal clear lake which extends for 300 meters, passing through galleries sculptured by the water and decorated with stalagmites.

Rafting no rio Formoso

O passeio começa com canoagem em bote inflável pela correnteza, chegando a um local de águas tranqüilas, rodeado por florestas com tucanos e araras.

Rafting on the river Formoso

The trip begins by traveling downstream in an inflatable dinghy until you reach a place with calm waters, surrounded by forests with toucans and araras (Brazilian parrots).

Flutuação e mergulho

Com roupa própria, máscara e snorkel, é possível boiar tranqüilamente e ver pintados, pacus e dourados na Baía Bonita e nos rios Sucuri, do Peixe e Formoso. Os mais experientes podem experimentar um emocionante mergulho autônomo no Abismo Anhumas, com 80 m de profundidade, com acesso feito por rapel.

Floating and diving

With suitable clothes, mask and snorkel, it is possible to float gently in the Baía Bonita and the rivers Sucuri, Peixe and Formoso, and see pintados, pacus and dourados (fish from the region).

Goiás

As festas populares e religiosas caracterizam a cultura e as raízes de Goiás, constituído por bandeirantes paulistas em busca de ouro. Em 1988, o estado foi dividido e Tocantins se juntou à região Norte.

The public and religious festivals distinguish the culture and origins of Goiás, established by bandeirantes (members of expeditions) from São Paulo in search of gold. In 1988 the state was divided, and Tocantins joined the North.

ÁREA TERRITORIAL 340.086,698 km² · AREA 340,086 sq km
POPULAÇÃO · 5.003.228 (IBGE 2000) · POPULATION 5,003,228 (IBGE Census 2000)
TEMPERATURA MÉDIA ANUAL · AVERAGE ANNUAL TEMPERATURE 20°C

JUCA MARTINS / PULSAR IMAGENS

RICARDO AZOURY / PULSAR IMAGENS

Goiânia

Na capital, que foi planejada em 1937 e construída em apenas cinco anos, não devem deixar de serem vistos os monumentos às Nações Indígenas, à Paz Mundial e às Três Raças, e o Memorial do Cerrado.

Goiânia

In the capital, which was planned in 1937 and built in only five years, be sure to visit the monuments to the Nações Indigenas, Paz Mundial, and Três Raças, and the Memorial do Cerrado.

Passeios

A cidade de Goiás, conhecida como Goiás Velho, é Patrimônio Cultural da Humanidade, e fica a 141 km da capital. Caldas Novas, com suas águas termais, a 172 km de Goiânia, atrai milhares de visitantes em busca de um paraíso natural.

Trips

The town of Goiás, known as Goiás Velho (Old Goiás), is a Cultural Heritage of Mankind and is 141 km from the capital. 172 km from Goiânia, Caldas Novas with its thermal springs attracts thousands of visitors in search of a natural paradise.

SALOMON CYTRYNOWICZ / PULSAR IMAGENS

117

Distrito Federal

Capital do Brasil, Patrimônio Cultural da Humanidade, Brasília é a maior cidade planejada do século 20. Nasceu de um sonho do presidente Juscelino Kubitschek, de canalizar o desenvolvimento para o interior do Brasil. A tarefa de torná-lo real foi dada ao arquiteto Oscar Niemeyer e ao urbanista Lúcio Costa. Inacreditavelmente, a cidade foi construída em três anos e, no dia 21 de abril de 1960, o país ganhou uma nova capital. Com traçado em forma de pássaro, pousou na planície quente e seca do cerrado, onde o céu é sempre azul e os horizontes, infinitos.

ÁREA TERRITORIAL 5.801,937 km² · AREA 5,801,937 sq km

POPULAÇÃO · 2.051.146 (IBGE 2000) · POPULATION 2,051,146 (IBGE Census 2000)

TEMPERATURA MÉDIA ANUAL · AVERAGE ANNUAL TEMPERATURE   22°C

Capital of Brazil, and a Cultural Heritage of Mankind, Brasília is the biggest planned city of the 20th century. It was born out of a dream of the president Juscelino Kubitschek to channel development to the interior of Brazil. The task of making this come true was given to the architect Oscar Niemeyer and the city planner Lúcia Costa. Unbelievably, the city was built in three years and on April 21, 1960 the country received a new capital. Laid out in the shape of a bird, it landed on the hot, dry plains of the savannah where the sky is always blue and the horizons infinite.

Panorâmica de Brasília, monumental projeto de Oscar Niemeyer e Lúcio Costa

Panoramic view of Brasília, monumental project of Oscar Niemeyer and Lúcia Costa

Praça dos Três Poderes

O Palácio do Planalto é a sede da Presidência da República. O Congresso Nacional ocupa o prédio conhecido pelas duas conchas, uma voltada para cima e outra para baixo. Na praça também estão o Museu da Cidade, o Panteão da Pátria, o Espaço Lúcia Costa e a famosa escultura Os Candangos.
Na Esplanada dos Ministérios (foto), ficam o Ministério da Justiça e o das Relações Exteriores, entre outros.

Praça dos Três Poderes

The Palácio do Planalto is the headquarters of the Presidency of the Republic. The National Congress is in the building known for its two shell shapes, one pointing upwards and the other downwards. In the square there is also the Museu da Cidade, the Panteão da Patria, the Espaço Lúcia Costa and the famous sculpture Os Candangos (a nickname given to the workmen who built Brasília). The Ministry of Justice and the Ministry of Foreign Affairs, among others, are in the Esplanada dos Ministérios (photo).

Palácio da Alvorada

É a residência oficial do presidente da República, próxima ao Palácio do Jaburu, residência oficial do vice-presidente.

Palácio da Alvorada

This is the official residence of the President of the Republic, next to the Palácio do Jaburu, the official residence of the vice-president.

Palácio do Itamaraty

Sede do Ministério das Relações Exteriores, é circundada por espelhos d'água e jardins de Burle Marx.

Palácio do Itamaraty

Headquarters of the Ministry of Foreign Affairs, it is surrounded by reflecting water and gardens by Burle Marx.

Palácio da Justiça

Fachada de arcos que sustentam lajes curvas de concreto aparente, por onde deslizam transparentes cortinas d'água.

Palácio da Justiça (Supreme Court)

Façade of arches which hold up curved, concrete slabs from which curtains of transparent water flow down.

Palácio do Buriti

Sede do governo do Distrito Federal, projetada por Mauro Jorge Esteves.

Palácio do Buriti

Headquarters of the government of the Distrito Federal (Federal Territory), designed by Mauro Jorge Esteves.

Catedral metropolitana N. S. Aparecida (1970)

Projetada por Niemeyer, é constituída por 16 colunas que se curvam em forma de coroa. Seu interior é iluminado naturalmente através dos vitrais coloridos de Marianne Perrett, que formam as paredes.
Na nave, três anjos suspensos, esculpidos por Alfredo Ceschiatti. Painéis de Di Cavalcanti representam a Via Sacra. À entrada da catedral, quatro estátuas de bronze de Ceschiatti representando "Os Evangelistas" e, ao lado, os sinos do campanário.

Catedral metropolitana N.S. Aparecida (1970)

Designed by Niemeyer, it is made up of 16 columns which curve in the form a crown. The inside has natural lighting through the colored stained glass windows of Marianne Perrett, which form the walls. In the aisle, three suspended angels, sculptured by Alfredo Ceschetti. Paintings by Di Cavalcanti portray the Way of the Cross. At the entrance to the cathedral, four bronze statues by Ceschetti representing the Evangelists and at the side the bells in the bell tower.

Teatro Nacional

Projeto de Niemeyer, em forma de pirâmide irregular, com obras de Athos Bulcão.

Teatro Nacional

Designed by Niemeyer in the shape of an irregular pyramid, with works by Athos Bulcão.

Memorial JK

Estátua do fundador da cidade em um pedestal de 28 m.

Memorial JK

Statue of the founder of the city on a pedestal 28 meters high.

Museu da Cidade

Estrutura de concreto armado e mármore, com a cabeça de Juscelino Kubitscheck esculpida em pedra-sabão. Em seu interior, inscrições e documentos sobre a construção de Brasília.

Museu da Cidade

A structure of reinforced concrete and marble, with the head of Juscelino Kubischek sculptured in soap stone. Inside, records and documents about the construction of Brasília.

ZIG KOCH

The South

Região
Sul

Paraná
Santa Catarina
Rio Grande do Sul

*Parque Nacional da
Serra Geral, em Cambará
do Sul (RS)*

Serra Geral National Park
in Cambará do Sul (RS)

Paraná

Em tupi-guarani, Paraná quer dizer "rio caudaloso" e Curitiba, pinheirais ou pinhões. No século 16, a região recebeu expedições interessadas em madeira de lei. No século seguinte, chegaram portugueses, espanhóis e bandeirantes paulistas em busca de ouro. Na metade do século 19, começaram a vir os imigrantes: poloneses, alemães e italianos. Em 1889, o Paraná se tornou estado.

ÁREA TERRITORIAL 199.314,850 km² • AREA 199,314 sq km

POPULAÇÃO • 9.563.458 (IBGE 2000) • POPULATION 9,563,458 (IBGE Census 2000)

TEMPERATURA MÉDIA ANUAL • AVERAGE ANNUAL TEMPERATURE 19°C

*Estufa em Art Noveau no Jardim
Botânico Fanchette Rischbieter*

Art nouveau style greenhouse
in the Fanchette Rischbieter
Botanical Gardens

In Tupi-Guarani (Indian language) Paraná means
abundant river, and Curitiba means pine forest or
pine seed. In the 16th century the region received
expeditions interested in high quality timber. In the
following century Portuguese people, Spaniards
and bandeirantes (members of expeditions called
bandeiras) from São Paulo arrived in search of gold.
In the middle of the 19th century the immigrants
started to come: Poles, Germans and Italians.
Paraná became a state in 1889.

ZIG KOCH

Curitiba

Entre pinheiros e araucárias, a "capital ecológica" é respeitada pela preocupação com o meio ambiente, o excelente planejamento urbano e a valorização da cultura. Seus projetos arquitetônicos incluem uma antiga pedreira transformada em local para espetáculos, a Ópera de Arame, e a Universidade Livre do Meio Ambiente, com prédios em torno das árvores. Curitiba tem 30 parques e bosques, que dão a cada habitante um índice de área verde de 54 m². A coleta de lixo é seletiva e a limpeza das ruas chega a impressionar. Além disso, Curitiba foi eleita uma das capitais americanas da cultura pela Unesco. No mês de março, promove um famoso Festival de Teatro.

Curitiba

Among pine trees and araucarias (Brazilian pine), the ecological capital is respected for its concern for the environment, the excellent urban planning, and the high value it puts on culture.
The architectural projects include the Ópera de Arame, an old quarry transformed into a place for shows, and the Universidade Livre do Meio Ambiente (Free University of the Environment), with buildings all around the trees. Curitiba has 30 parks and woods, which gives a rate of 54 square meters of green area for each inhabitant. Garbage collection is selective for recycling and the cleanliness of the streets is impressive. Besides this, Curitiba was chosen as one of the American capitals of culture by Unesco. In March, it promotes a famous theater festival.

Parque Barigui

O mais freqüentado da cidade, com bosques de pinheiros onde se pode ver tico-ticos e sabiás e um lago com peixes, aves e um jacaré. No parque (ao lado) funciona o Museu do Automóvel e a Estação Maria Fumaça.

Parque Barigui

The most popular in the city, with pine woods where you can see crown sparrows and song-thrushes, a lake with fish, birds and an alligator. In the park (photo on the left), there are the Museu do Automóvel (Automobile Museum), and the Estação Maria Fumaça (Steam Train Station).

Parque Tanguá

Em um antigo conjunto de pedreiras desativadas, o parque (foto abaixo) possui dois lagos, ancoradouro, ciclovia e pista de cooper. Já no Parque Tingüi, a atração é o memorial ucraniano.

Parque Tanguá

In an old complex of disused quarries, the park (photo below) has two lakes, a place for anchoring, a bicycle lane and a jogging track. Then in the Parque Tingüi the main attraction is the Ukrainian memorial.

ZIG KOCH

Rua 24-Horas

Para aqueles que têm insônia, há desde 1991 um local de encontro com cobertura de vidro e estrutura metálica em arcos, que abriga lojas, bares e cafés que não fecham.

Rua 24-Horas (24-hour street)

For those who suffer from insomnia, since 1991 there is a meeting place with a glass roof and metal structure with arches which has shops, bars and coffee-shops which do not close.

ZIG KOCH

Foz do Iguaçu

Localizada a 639 km de Curitiba, na divisa com a Argentina, é uma das dez cidades mais visitadas do Brasil. Descobertas pelo aventureiro espanhol Alvar Nuñes em 1541, as Cataratas do Iguaçu são formadas pelas águas do rio Iguaçu, que despencam em 275 saltos, com uma altura média de 60 m. O maior volume de água é na época do verão. Através de passarelas no meio da mata, pode-se chegar bem próximo das quedas e ter uma visão impressionante.

Para os mais corajosos, é possível fazer trekking, rapel, rafting ou sobrevoar a região em um helicóptero.

Foz do Iguaçu

Situated 639 km from Curitiba on the border with Argentina, it is one of the ten most visited cities in Brazil. Discovered by the Spanish adventurer Alvar Nuñes in 1541, the Cataratas do Iguaçu (Iguaçu Waterfalls) are formed by the waters of the river Iguaçu, which crash down 275 waterfalls with an average height of 60 meters. The largest volume of water is in the summer time. By means of footbridges in the middle of the forest you can get very close to the falls and have an impressive view.

For the more courageous, it is possible to go trekking, rafting, rappel, or fly over the area in a helicopter.

O Parque Nacional do
Iguaçu foi criado em 1939
e declarado Patrimônio
Natural da Humanidade

The Iguaçu National Park
was established in 1939 and
declared a Natural Heritage
of Mankind

ZIG KOCH

Santa Catarina

O estado foi formado por diversos povos. Primeiro os índios; depois, os portugueses. Os imigrantes açorianos chegaram no século 18 e os alemães, na segunda metade do século 19. Algumas décadas mais tarde, foi a vez dos italianos, a maior corrente migratória recebida por Santa Catarina. A influência de todos eles pode ser sentida no sotaque, na culinária, na arquitetura, no artesanato, nas tradições e no jeito de ser.

ÁREA TERRITORIAL 95.346,181 km² · AREA 95,346 sq km

POPULAÇÃO · 5.356.360 (IBGE 2000) · POPULATION 5,356,360 (IBGE Census 2000)

TEMPERATURA MÉDIA ANUAL · AVERAGE ANNUAL TEMPERATURE   18°C

A influência européia se manifesta em Santa Catarina de diversas maneiras

The European influence is expressed in Santa Catarina in various ways

The state was formed by different people. First the Indians, then the Portuguese. The immigrants from the Azores arrived in the 18th century, and the Germans in the second half of the 19th century. A few decades later it was the turn of the Italians, the biggest influx of migrants received by Santa Catarina. The influence of all of them can be felt in the accent, the cuisine, the architecture, the handicrafts, the traditions and the way the people behave.

Florianópolis

Florianópolis fica numa ilha, cercada pelo mar azul. Grande parte de sua área faz parte de reservas ambientais. As belezas naturais da ilha atraem brasileiros e estrangeiros, como argentinos, uruguaios, paraguaios e chilenos. Suas praias vão de pequenas enseadas selvagens, com acesso por trilha, a extensas praias urbanizadas. Há opções para os que gostam de mergulho, pesca, surfe, windsurfe e vela. No centro da cidade, construções antigas restauradas, como o Palácio Cruz e Souza, com o Museu Histórico, o prédio onde funcionava a Alfândega e o Mercado Municipal. No norte da ilha está o lado mais procurado pelos turistas. Já o sul, preservou os costumes açorianos.

Florianópolis

Florianópolis is on an island surrounded by blue sea. A large part of the area is considered to be environmental reservations. The natural beauty of the island attracts Brazilians and foreigners, such as Argentinians, Uruguayans, Paraguayans, and Chileans. The beaches range from small, untouched bays with access by footpaths, to large, urbanized beaches. There are options for those who like diving, fishing, surfing, windsurfing and sailing. In the center of the city, old, renovated buildings, such as the Palácio Cruz e Souza with the Historical Museum, the building where the Customs used to be, and the Municipal Market. The north of the island is the part most sought after by tourists. And the south has preserved its Azorian customs.

STOCKBRAZIL

Ponte Hercílio Luz:
Erguida em 1926 e fechada em 1982, hoje é um dos cartões postais.

Ponte Hercílio Luz (Hercílio Luz Bridge)
Built in 1926 and closed in 1982, today it is one of the picture postcards.

Fortes
No século 18, os portugueses construíram fortes ao redor da ilha, mas nenhum disparou tiro. Os principais são os de Santa Cruz de Anhatomirim, São José da Ponta Grossa, Santo Antonio de Ratones e Sant'Ana.

Forts
In the 18th century the Portuguese built forts around the island, but none of them ever fired a shot. The main ones are the Santa Cruz de Anhatomirim, São José da Ponta Grossa, Santo Antonio de Ratones and Sant'Ana.

Lagoa da Conceição
Na enorme lagoa de águas azuis é possível praticar esportes aquáticos. Nas margens de areia branca as artesãs fazem rendas. Nas ruas em torno há restaurantes, lojas, boates e cafés animados.

Lagoa da Conceição
It is possible to practice water sports on the enormous, blue lake. On the banks of white sand the handicrafts people do lacework. In the streets around there are lively restaurants, shops, night clubs and coffee-shops. At night you can watch the shrimp fishing.

ZIG KOCH

Praias

Há praias para todos os gostos, inclusive para os surfistas. No centro da ilha, há a praia Mole, onde a juventude se reúne, e a Joaquina (foto), conhecida pelos circuitos de surfe. A Barra da Lagoa é boa para a pesca e a praia do Moçambique é a maior em extensão.

Mais ao norte estão as praias do Santinho, com trilhas que levam a inscrições rupestres; a dos Ingleses, uma das mais procuradas pelos turistas argentinos; a praia Brava, com ondas fortes; e Ponta das Canas, boa para esportes náuticos. Seguindo adiante, Canasvieiras, o mais antigo balneário do estado; e Jurerê, com boa infra-estrutura.

Ao sul, vilas de pescadores e marcos da história colonial, como o Ribeirão da Ilha. Nessa região também estão a praia do Campeche, com longos trechos de areias brancas; e a ilha do Campeche, a única do país tombada como Patrimônio Arqueológico e Paisagístico, com sítios arqueológicos. Próximo dali, as praias do Morro das Pedras; Armação e a lagoa do Peri, reserva ecológica.

Com acesso por trilhas ou barco, há as praias da Lagoinha do Leste; dos Naufragados e Pântano do Sul, com vegetação nativa.

Beaches

There are beaches to suit all tastes, including for surfers. In the center of the island there is the Mole beach, where the young people meet, and the Joaquina (photo), known for the surfing competitions. The Barra da Lagoa is good for fishing and the Moçambique is the longest.

Further north are the beaches Praia do Santinho, with footpaths that lead to inscriptions engraved on rocks; Praia dos Ingleses, one of the beaches most sought after by the Argentinians; Praia Brava with strong waves; and Ponta das Canas, good for water sports. Going on further, Canasvieiras, the oldest seaside resort in the state; and Jurerê with good infrastructure. In the south, fishing villages and signs of colonial history, such as the Ribeirão da Ilha. In this area there are also the Praia do Campeche with long stretches of white sand; and the island of Campeche, the only one in the country put under trust as an Archeological and Landscape Heritage, with archeological sites. Nearby, the beaches Morro das Pedras; Armação and the Peri lake, an ecological reservation. With access only by footpath or boat, there are the beaches Praia da Lagoinha do Leste; Praia dos Naufragados and Pântano do Sul, with native vegetation.

Rio Grande do Sul

No início do século 17, o Rio Grande do Sul pertencia à Espanha, pelo tratado de Tordesilhas. Os jesuítas chegaram para catequizar os índios e fundaram as Missões. Logo depois, os bandeirantes paulistas vieram para capturar os nativos. Ao mesmo tempo, as Coroas espanhola e portuguesa brigavam pelo território. E as lutas não pararam.

Em 1835, houve a Revolução Farroupilha contra o governo imperial e, de 1893 a 1895, a Revolução Federalista. No meio de tantas disputas, chegaram os imigrantes alemães e, depois, os italianos. Felizmente, o Rio Grande do Sul conquistou a paz e a todos nós.

ÁREA TERRITORIAL 281.748,538 km² · AREA 281,748 sq km

POPULAÇÃO · 10.187.798 (IBGE 2000) · POPULATION 10,187,798 (IBGE Census 2000)

TEMPERATURA MÉDIA ANUAL · AVERAGE ANNUAL TEMPERATURE   18°C

At the beginning of the 17th century Rio Grande do Sul belonged to Spain under the treaty known as the Tratado do Tordesilhas. The Jesuits arrived to give religious instruction to the Indians and founded the Missions. Soon afterwards, the bandeirantes (members of expeditions called bandeiras) from São Paulo came to conquer the Indians. At the same time the Spanish and Portuguese Crowns were fighting over the territory. And the conflicts did not stop.

In 1835 there was the Farroupilha Revolution against the imperial government and from 1893 to 1895 the Federalist Revolution. In the midst of so many disputes the German immigrants arrived and afterwards the Italians. Fortunately, Rio Grande do Sul gained peace and won us all over.

O encanto das sinuosas serras gaúchas

The wonders of the winding mountains of Rio Grande do Sul

DELFIM MARTINS / PULSAR IMAGENS

O gaúcho

O gaúcho é uma mistura de portugueses, espanhóis e índios. O chimarrão, que usa a erva-mate como infusão, é herança indígena assim como o poncho, o fogo de chão e o uso das boleadeiras para a captura do gado.

The gaúcho (native of Rio Grande do Sul)

The gaúcho is a mixture of Portuguese, Spaniards and Indians. The chimarrão, which is an infusion of maté leaves, is an Indian legacy like the poncho, the campfire, and the boleadeiras (hurl balls – a rope with balls at the end) used for catching cattle.

Porto Alegre

Conhecida por sua riqueza cultural e pelo inigualável pôr-do-sol no rio Guaíba, a cidade possui diversos museus, teatros, parques e opções para a diversão noturna. No centro, estão os hotéis antigos e principais construções históricas. O bairro nobre de Moinhos de Vento concentra os melhores restaurantes e um parque. A zona norte é um centro comercial, com hotéis. Ao sul, os bares de cidade baixa, os estádios de futebol, o Parque de Itapuã e as marinas. No Parque Farroupilha, aos domingos, acontece uma feira de artesanato e antiguidades, o Brique da Redenção. Vale também um passeio pelo Jardim Botânico.

Porto Alegre

Known for its cultural richness and for the unique sunset over the river Guaíba, the city has various museums, theaters, parks and options for night time entertainment. In the center are the old hotels and main historical buildings. The chic district Moinhos do Vento has the best restaurants and a park. The North zone is a commercial center with hotels. To the south, the bars of the lower part of town, the football stadiums, the Itapuã park and the marinas. In the Farroupilha park on Sundays there is a handicrafts fair, the Brique da Redenção. The Botanical Gardens are also worth visiting.

ZIG KOCH

Serra Gaúcha

As paisagens de cartão postal incluem vales,
matas, montanhas, parreiras e hortênsias.
Colonizada principalmente por alemães e italianos,
mantém as tradições nas danças típicas, nos costumes
e na culinária.

Serra Gaúcha (the mountains of Rio Grande do Sul)

The picture postcard views include valleys, forests, mountains,
vines and hydrangeas.
Colonized mainly by Germans and Italians, they maintain the
traditions with typical dances, customs and cuisine.

Canela

Repleta de atrações
naturais e parques ideais
para a prática de esportes
radicais. Para as crianças, a
Aldeia da Mamãe Noel e o
Festival de Bonecos, entre
junho e agosto.

Canela

Full of natural attractions and
parks, ideal for practicing
extreme sports. For the children,
the Aldeia da Mamãe Noel
(Village of Mother Christmas),
and the Doll Festival, between
June and August.

MAURICIO SIMONETTI / PULSAR IMAGENS

Gramado

Uma cidade agradável,
com muitos parques
e ótima comida. Em
agosto, promove o Festival
Internacional de Cinema.
No roteiro turístico,
o Minimundo, uma cidade
em miniatura com réplicas
de construções alemãs,
e a Aldeia do Papai Noel, no
Parque Knorr.

Gramado

A pleasant town with lots of
parks and excellent food. In
August it hosts the
International Film Festival. On
the tourist itinerary, the
Minimundo, a miniature
town with replicas of German
buildings, and the Aldeia do
Papai Noel (Village of Father
Christmas), in the Knorr park.

DELFIM MARTINS / PULSAR IMAGENS

DADOS GERAIS

PERFIL POLÍTICO, SOCIOECONÔMICO E GEOGRÁFICO DO PAÍS

Nome oficial: República Federativa do Brasil
Sistema de governo: Presidencialismo
Divisão administrativa: 26 estados, 1 distrito federal e, ao todo, 5.563 municípios
Data nacional: 7 de setembro (1822; Independência)
Idioma oficial: português
Religião: maioria católica (70%)
População: 192,3 milhões de habitantes (2009)
População urbana: 86,12%

Superfície: 8.547.876,599 km2
Localização: cortado pela linha do Equador ao Norte e pelo Trópico de Capricórnio ao Sul
Clima: tropical na maior parte do território, havendo faixas subtropicais, equatoriais e semi-áridas
Temperatura média anual: 28ºC na região Norte e 20ºC na região Sul
Países fronteiriços: 10 países da América do Sul (apenas Equador e Chile não fazem divisa)
Orla marítima: 7.367 km
Recursos hídricos: maior reserva do planeta, com 12% do volume de água doce do mundo
Florestas: 5,5 milhões de km2, 299 km2 de terras indígenas demarcadas e 207 km2 não demarcadas (a Floresta Amazônica corresponde a cerca de 40% do território brasileiro)

Moeda: Real (R$)
Posição: 8ª economia mundial (2008)
PIB: R$ 2,9 trilhões (2008) – (US$ 1,994 bilhões)
Taxa de crescimento: 5,2% (2008)
Exportações: US$ 200 bilhões (2008)
Importações: US$ 176 bilhões (2004)

Área cultivável: cerca de 125 milhões de hectares
Área ocupada com agricultura: cerca de 50 milhões de hectares
Área ocupada com pastagens: mais de 110 milhões de hectares e 64 milhões de hectares de pastagens nativas
Principais minerais: bauxita, cobre, cromo, estanho, ferro, grafita, manganês, níquel, ouro potássio, prata e zinco
Suprimento de pedras preciosas: produz 90% do suprimento mundial (diamantes, águas-marinhas, topázios, ametistas, turmalinas e esmeraldas)

GENERAL DATA

POLITICAL, SOCIO-ECONOMIC AND GEOGRAPHICAL PROFILE OF THE COUNTRY

Official name: The Federative Republic of Brazil
System of government: Presidential
Administrative divisions: 26 states, 1 federal territory and a total of 5,563 municipal districts
National anniversary: September 7 (1822; Independence)
Official language: Portuguese
Religion: mainly Catholic (70%)
Population: 192.3 million inhabitants (2009)
Urban population: 86.12%

Area: 8,547,876 sq km
Location: crossed by the Equator in the North and by the Tropic of Capricorn in the South
Climate: tropical in most of the territory, with subtropical, equatorial and semi-arid areas
Average annual temperature: 28°C in the North and 20°C in the South
Bordering countries: 10 countries of South America (only Ecuador and Chile are not on the borders)
Coastline: 7,367 km
Hydric resources: biggest reserves on the planet, with 12% of the volume of freshwater in the world
Forests: 5.5 million sq km, 299 sq km of Indian lands demarcated and 207 sq km not demarcated (the Amazon Forest corresponds to about 40% of the Brazilian territory)

Currency: Real (R$)
Ranking: 8th economy in the world (2008)
GDP: R$ 2.9 trillion (2008) – (US$ 1.994 billion)
Growth rate: 5.2% (2008)
Exports: US$ 200 billion (2008)
Imports: US$ 176 billion (2008)

Arable area: about 125 million hectares
Area used for agriculture: about 50 million hectares
Area used for grazing: more than 110 million hectares and 64 million hectares of native pastures
Principle minerals: bauxite, copper, chromium, tin, iron, graphite, manganese, nickel, gold, potassium, silver and zinc
Supply of gem stones: produces 90% of the world's supply (diamonds, aquamarines, topazes, amethysts, tourmalines and emeralds)